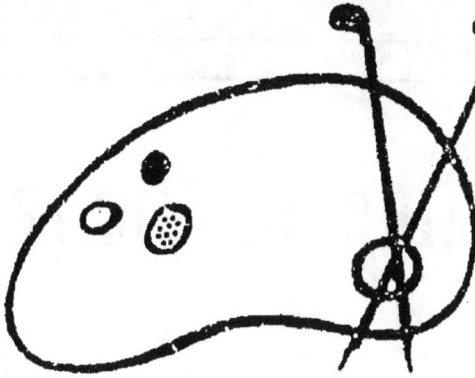

Début d'une série de documents
en couleur

GLOSSAIRE DES DATES

ou

EXPLICATION

PAR ORDRE ALPHABÉTIQUE

DES NOMS PEU CONNUS DES JOURS DE LA SEMAINE, DES MOIS,

ET AUTRES ÉPOQUES DE L'ANNÉE

EMPLOYÉS DANS LES DATES

DES DOCUMENTS DU MOYEN-AGE

Par L. DE MAS LATRIE.

———

PARIS

H. CHAMPION, LIBRAIRE

15, Quai Malaquais

1883

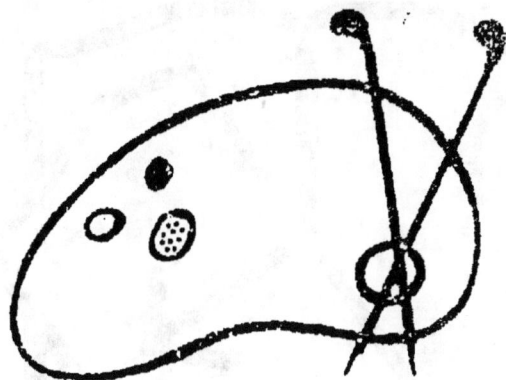

Fin d'une série de documents
en couleur

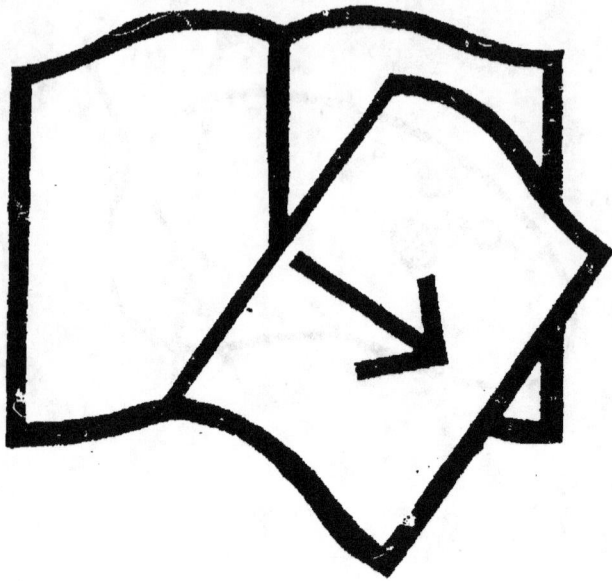

Couverture inférieure manquante

GLOSSAIRE DES DATES

OU

EXPLICATION

PAR ORDRE ALPHABÉTIQUE

DES NOMS PEU CONNUS DES JOURS DE LA SEMAINE, DES MOIS,

ET AUTRES ÉPOQUES DE L'ANNÉE

EMPLOYÉS DANS LES DATES

DES DOCUMENTS DU MOYEN-AGE.

On a complété, autant qu'il a été possible dans le présent travail, le Glossaire des dates, publié par les Bénédictins dans le premier volume de l'Art de vérifier les Dates.

Les principales additions proviennent des ouvrages suivants : 1. Hampson, *Medii œvi Kalendarium*, 2 vol. in-8°. Londres, 1841 ; E. Gachet. *Recherches sur les noms des mois et des Fêtes chrétiennes*, in 8°, Bruxelles, 1865 ; Grotefend, *Handbuch der historischen Chronologie*, in-4°, Hanovre, 1872. Les documents origininaux et diverses publications récentes ont fourni aussi quelques indications nouvelles.

A.

Aberoll, Abrello, Abrille, Apruelle, Aprelle, April, dans les chartes flamandes est le mois d'Avril.

Abitis, les Obits, ou jours de l'anniversaire, dans le vieil anglais et le vieil écossais. (Hampson.)

Abreu, Abrieu, le mois d'Avril.

Absolutionis Dies, Absolutus Dies, ou *Dies Jovis Absoluti*, le Jeudi absolu, le Jeudi saint.

Ad Carnes (dies) ou *Dies Carnium*, les jours gras.

Accensio Lunæ, l'Apparition de la première Lune d'un mois.

Accipite jucunditatem, le Mardi après la Pentecôte.

Achzehnte tag (littér. le 18ᵉ jour), le 13 janvier, ou octave de l'Épiphanie. Cf. *Twelfth day* — On trouve aussi *Zwanzigte tag* (le 20ᵉ jour) avec la même signification.

A. D. ou *Ante Diem* dans les dates formulées ainsi : *A. D. IX. Kalend. januarias*, ou *Ante Diem IX. Kalend. januarias*, ou encore *Ad diem IX Kalend. Januarias*, dont on trouve aussi des exemples, signifie le 9ᵉ jour avant les Calendes de janvier, c'est-à-dire le 24 décembre, absolument comme s'il y avait suivant la formule régulière : *IX. Kal. Jan.* ou *IX. Kalendas Januarias*.

On trouve dans Cicéron, *Epist. famil. l. X. ep.* 28, *l. XI, ep.* 6, *et l. XII, ep.* 22, 23, *Ad. XIII kalend. jan. Ante XIII kalend. jan. et XIII kalend. jan.* employés pour marquer le 20 décembre. Sénèque désigne par ces mots, *A. D. III. eidus octobris*, le jour de la mort de l'empereur Claude, que Tacite et Suétone attestent être arrivée le III des ides d'octobre ou le 13 de ce mois. Aulu-Gelle marque par ces mots, *Ante diem III non jan.*, le jour natal de Cicéron, qui déclare lui-même, dans ses lettres à Atticus (*l.* 7, *ep.* 5, *et l.* 13, *ep.* 41), être réellement né le 3 des nones de janvier, ou le 3 de ce mois. Les anciens auteurs ecclésiastiques se sont servis des mêmes expressions. Le pape Innocent I, écrivant à Aurèle, évêque de Carthage, (*ep.* 11.) lui indique le jour de Pâques pour l'an 414 par *Ante diem IX kalend. aprilis*; et l'on voit effectivement par les tables, que le jour de Pâques tomba, cette année, le XI des calendes d'avril, ou le 22 mars. Lactance (*Instit. divin. l.* 4, *c.* 10) dit que notre Sauveur a souffert *Ante diem X kalend. aprilis*; et dans le livre *De la mort des persécuteurs*, qu'on lui attribue, que Jésus a été crucifié *post diem X. kalend. april.*; ce qui signifie la même chose selon Baluze : mais cette dernière formule est unique, et ne se rencontre point ailleurs. Les Grecs ont aussi quelquefois employé la première. Le jour de la première action, par exemple, du concile général d'Éphèse, est ainsi marqué dans les actes, πρὸ χαλανδρίων (Labbe, *Concil.* T. III *col.* 446.) et celui du concile de Celcédoine par ces mots : Τῇ πρὸ ὀκτὼ ἰδῶν Ὀκτωβρίων (T. IV. *col.* 77.)

Adorate Dominum, Introït, et nom du troisième dimanche après l'Epiphanie.

Adoratio crucis, voy. *Dominica Adorandæ crucis.*

Adoration des Mages, le 6 Janvier. Voyez *Epiphania.*

Adoratus dies, le Verdi Aoré, le Vendredi Aouré, le Vendredi-Saint.

Ad te Levavi, Introït, et nom du premier dimanche de l'Avent.

Adventus, Avent, temps de prières et de préparation à la fête de Noël. Il commence au Dimanche qui tombe entre le 27 novembre et le 3 décembre. La durée en est de quatre semaines. En Orient, dans l'église grecque, l'Avent commence d'une manière fixe le 15 novembre, et dure jusqu'à la Noël. L'Avent n'est pas d'institution évangélique, et ne date que du IVᵉ siècle.

Adventus, pris dans le sens de translation des reliques d'un saint.

Adventûs annus, l'année de l'Avent, l'année de l'Incarnation ou de la Nativité. C. a. d. l'année chrétienne. Le Concile de Cliffe, en Angleterre, de l'an 800, est ainsi daté : *Anno adventûs*.

Adventus b. Cassiani episc. 16 juill. (Hampson).

Adventus corporis justi de eremo ; 4 août. (Hampson).

Æfensang, chant du soir, dans l'ancienne église anglaise, désignait l'heure de 4 heures et les Vêpres.

Æftera geola ou *Geohles*, dans les documents Anglo-Saxons, désigne le mois de janvier. Voy. *Giouli*.

Æftera Lytha Monath, dans les doc. Anglo-Saxons, le mois de Juillet.

Ægri (dies), les mêmes que *Dies Ægyptiaci*. Voy. *Eger*.

Ægyptiaci Dies. Jours néfastes et malheureux durant lesquels on n'osait se faire tirer du sang, ni commencer aucune entreprise. Il y avait deux jours néfastes dans chaque mois. On pourra les connaître au moyen des deux vers suivants, qui ont été composés de douze mots, dont chacun est propre à l'un des douze mois de l'année :

> *Augurior decios, audito lumine claugor,*
> *Liquet olens abies, coluit colus, execute Gallum.*

Le premier mot correspond au mois de janvier ; le second à février et ainsi des suivants. Il faut maintenant savoir, pour trouver les 2 jours égyptiens d'un mois, 1º que la première lettre de la première syllabe de chaque mot désigne, suivant l'ordre qu'elle a dans l'alphabet, le premier jour égyptien du mois, à partir du commencement du mois auquel il correspond ; 2º que la première lettre de la seconde syllabe désigne le second jour égyptien de ce même mois, à compter de la fin du mois, en remontant. Ainsi, par exemple, le mot *augurior*, qui commence par *au*, montre que le premier de Janvier est un jour égyptien ; et G, étant la septième de l'alphabet, désigne le 25 janvier, qui est le septième jour de ce mois, en remontant depuis la fin ; et de même des autres mois.

Pasquier et Denis Godefroy ont donné la liste de ces jours égyptiens, tirée des Éphémérides de Paris, du tems de Charles VI et Charles VII. On les voit aussi marqués, dans les anciens calendriers de diverses églises, quoique Saint-Augustin (*In Epist. ad Galat.*, c. 4) et d'autres écrivains ecclésiastiques, se fussent élevés contre cette superstition qui remonte aux anciens égyptiens. (Art de vérif.)

On a maladroitement traduit au moyen âge l'abréviation *Dies Aeg.* par *Dies Æger*, ou *Eger*, d'où *Dies Egri* V. *Eger*.

Aliturgici (Dies). Le Vendredi et le Samedi de la Semaine Sainte, jours sans Liturgie.

Affertstag ou l'Ascension. On trouve aussi *Offert ousers herrn*. Voy. *Auffartstag*.

Aftat der barfoten, ou *der broder,* le 4e dimanche après Pâques.

Agas day, le jour de Sainte-Agathe, 5 fév. (Paston, *letters* IV, 426, à la date de 1469).

Agni Circumcisio, le 1er Janvier.

Air (le mois de l') le mois d'Août. Voy. *Arenmonath.*

Aires (Le temps des), le mois d'Août, dans certains doc. du Midi, parce que c'est en août qu'on bat le blé sur les *aires* ou *sols.*

Alammasse day. Voy. *Lammas Day.*

Albae, nom de la semaine qui suit Pâques, et de celle qui suit la Pentecôte. Voy. Du Cange, v° Alba.

Alhalwen messe, All Hallowen mass, messe de la Toussaint.

Allehalwen day, All Halan day, le jour de la Toussaint.

Alleluia, Alleluia clausum, ou *Alleluia claudere, dimittere,* le Dimanche de la Septuagésime.

Alleluiah nederlung, en Allemagne, littér. disparition, suspension de l'Alleluia ; le dimanche de la Septuagésime (voy. le mot précédent) ou le samedi qui précède ; parce que de ce jour au dimanche de Pâques on cesse de chanter Alleluia à la messe ; en même temps, toutes les réjouissances publiques ainsi que les mariages, sont interdites.

Alle Folyne day, All Souls' day, le jour de toutes les âmes ; le jour des Morts, le 2 décembre.

Almes (= âmes), employé absolument dans la même signification. « Lendemain des Almes » c. a. d. le lendemain de la Commémoration des morts ou du 2 Décembre. (Voy. *Animarum Dies*).

Ambulatio ou *Dominica ambulationis in mari,* dans l'Église grecque, le 9e dimanche après la Pentecôte.

Anastasimus, jour de Pâques dans l'Église grecque.

Angaria, les Quatre-Temps, *Angaria Cinerum, Angaria Pentecostes, Angaria Crucis, Angaria post Luciæ,* les Quatre-Temps, les mercredi, vend. et sam., après les cendres, les mercredi, vend. et sam. après la Pentecôte, les mercredi, vend. et sam. après l'exaltation de la Sainte-Croix (septembre) et les mercredi, vend. et sam. après la Fête de Sainte-Luce (décembre), ce qu'indique ces vers :

> *Dat Crux, Lucia, Cineres, Carismata Dia,*
> *Ut sit in Angaria quarta sequens feria.*

Tel est l'usage, établi dans l'église depuis le XIe siècle, par Grégoire VII. Au 9e siècle, en France, les jeunes des Quatre-Temps étaient fixés à la première semaine de mars, à la 2e semaine de juin, à la 3e de septembre et à la semaine avant Noël.

Angel, Angul Août, la Saint-Pierre en goule Août; le 1er Août, fête de Saint-Pierre-aux-Liens.

Angelorum festum, le 29 Septembre.

Angevine (*Notre-Dame-L'*) ou la Septembrêche, la Nativité de la Vierge, au 8 Septembre

Animarum (*Dies* ou *Festum*), le jour des Ames ou des Morts, le 2 Novembre. En français *les Almes*. Un statut de Richard II d'Angleterre est ainsi daté : le *leindemain des Almes*. On appelait aussi ce jour *Commemoratio Omnium*.

Annunciatio, l'Annonciation à la Sainte Vierge, ou *Conceptio Domini* le 25 Mars. (Voy Bolland, III. 534) Ancienne fête patronale des Rubanniers à Paris. Désignée au Moyen-Age sous les noms divers de N.-D. aux Marteaux, N.-D. Chasse-Mars, ou la Marzache, ou la Fête des Cloches, *Festum Campanarum*. Au XIII° et XIV° siècles, les chartes du pays de Metz et de l'Est de la France, la nomment *Notre-Dame Empouse*, (voy. *Bibl. de l'Écol. des chartes*, 1875, p. 368.) Cette fête se célébrait autrefois le 10 décembre, dans les églises de Tolède et de Milan (Martène, *De antiq. eccles. ritibus*. t. III. p. 560.)

Annus Circumcisionis, l'année commencée au 1er janvier.

Antecinerales feriæ, jours du Carnaval précédant le Mercredi des Cendres.

Ante Diem, voy. au commencement *A. D.*

Antelucana hora, l'heure du quatrième nocturne, (crépuscule du matin).

Antelucinum, le quatrième nocturme.

Ante natale (ou *nativitatem*) *Domini*, désigne l'Avent, le temps qui précède immédiatement Noël. En français on appelle les huit jours avant Noël : « les *Avents de Noël*. »

Antipascha, le dimanche de Quasimodo, second dimanche après Pâques chez les Grecs, dimanche que nous comptons pour le premier. La semaine de Quasimodo se nomme *Antipascale*.

Antlasstag, le Jeudi Saint. *Antlasswoche*, ou *der Antlass*, la Semaine Sainte.

Apocreos, c'est le carême-prenant dans l'Église grecque, correspondant à nos *jours gras*, qui commencent au Lundi de la Septuagésime, et finissent au dimanche suivant, jour de notre Sexagésime, passé lequel les Grecs n'usent plus d'aliments gras.

Apostolorum Divisio ou *Dispersio*, la Séparation des Apôtres, le 15 juillet.

Apostolorum Festum, la Fête de tous les Apôtres, célébrée le 1er mai dans l'Église latine, le 30 juin dans l'Église grecque.

Apparitio Domini ou *Apparitio*, seul, le 6 Janvier. Voy. *Épiphania*.

Apparitio Sanctæ Crucis, le 19 Août (martyrologes de Jérôme et de Wandulbert).

Apparitio S. Michaelis, le 8 Mai. Voy. *Révélation*.

Aqua Sapientiæ, le mardi de Pâques.

Architriclini dies ou *Festum*, le second dimanche après l'Épiphanie, à cause de l'Évangile du jour qui rapporte le miracle des Noces de Cana. C'est aussi le Dimanche de Zacchée. Voy. *Festum Architriclini*.

Arenmanoth, *Aernmoned*, *Arnzit*, le mois des moissons, Août, dans les langues germaniques, d'où les Romans ont fait en Flandre, sans se rendre compte de la

signification, *le mois de l'air, delair, de l'ayr, de l'aynr*, ce qui signifie incontesta-
blement, ici, non pas *le mois de l'oir*, ou le mois de décembre, mais le mois de
l'erne, de l'arne, c. a. d. en vieux saxon, le mois de la moisson ou le mois
d'Août. *Fait en l'an Nostre Seignor M. CC. LIIII. ans, ou mois de l'aynr.*
(E. Gachet, *Rech. sur les noms des mois*, p. 25.)

Annorum Christi Festum, voy. *Coronæ Christi Festum*.

Arnzit, dans le haut allemand, le temps de la moisson, le mois d'Août.

Ascensa Domini, aujourd'hui *Ascensio*, l'Ascension.

Ascension (l') de N.-S., fête qui, se célébrant dix jours avant la Pentecôte,
peut tomber sur 35 jours différents, du 30 avril au 3 juin.

Ascensio, B. M. V., la fête de l'Assomption, ainsi nommée au neuvième siècle.

Asinorum Festum, célébrée autrefois à Rouen le 25 décembre; à Beauvais le
14 janvier; proscrite depuis longtemps par l'Église.

Asoti (Dominica). Voy. *Dominica*.

Aspiciens a longe, premier dimanche de l'Avent, ainsi nommé du premier
répons du premier nocturne.

Assumptio Christi ou *Domini*. Voy. *Ascension*.

Assumptio Sancti Johannis Evangelistae, 27 déc.

Assumptæ humanitatis filii Dei festum, l'Annonciation, 25 mars.

Assumptio Matris Dei, l'Assomption de la Vierge au 15 août.

Aster day ou *Astur day*, pour *Easter day*, le jour de Pâques.

Ater dies, le Mercredi des Cendres.

Audivit Dominus, introït et nom du vendredi et du samedi après le Mercredi
des Cendres.

Auffartstag, Aufferstag unsers hern, comme. *Affertstag*, l'Ascension. En allemand moderne *Himmelfahrt* (littér. voyage au ciel.)

Augstmonath, le mois d'Août dans les chartes wallonnes.

Aurea Missa, le samedi après la Trinité.

Aventi. Voy. *Adventus Domini*.

Aves incipiunt cantare. 12 Février.

Aveugle-né, le mercredi de la quatrième semaine de Carême.

Azymorum Festum, le jour de Pâques.

B.

Bacchanalia. Voy. *Clericorum Bacchanalia*.

Βαιοφόρος ou *Ramifera*, ou *Palmifera*, le dimanche des Rameaux dans l'Eglise
grecque.

Baptista necatus, le 29 août, la Décollation de S. Jean-Baptiste.

Baptismus Christi, le 6 janvier ou l'Épiphanie.

Baptisterium, nom que les Arméniens donnent à l'Épiphanie, le 6 janvier.

Barmherzigkeit des Herrn, littér. la Compassion du Seigneur; voy. *Misericordia Domini*.

Baronum Dies, en Angleterre, les jours où les barons tenaient les assises pour rendre la justice à leurs vassaux et terminer leurs différents. On les nommait aussi pour cette raison *Lofeday* ou *Day of love.*

Bascarah, l'Annonciation, chez les Syriens, célébrée le 1er décembre.

Behourdi, Behourdit, Behourdis, Beourdich. Le 1er Dimanche de Carême. Voy. *Bohordicum.*

Benedicta, Introït, et nom du dimanche de la Trinité.

Benedictio Candelarum. Bénédiction ou Consécration des cierges à Noël.

Benedictio Cerei. Bénédiction du cierge pascal la veille de Pâques.

Benedictio Fontium. Bénédiction des fonts baptismaux, le samedi avant Pâques.

Benedictio Indicti. La Bénédiction du Lendit. Charte de 1261. « Centum » solidi paris. annui redditus quos ego percipiebam singulis annis in bursa » dicti domini abbatis apud S. Dyonisium, die Benedictionis Indicti. » Le jour de l'Ouverture ou premier jour de la Foire du Lendit.

Bénéisson ou *Bénéiçon* (La), en latin *Benedictio, Benedictio Indicti*, la Bénédiction ou Salut solennel donné à la fin de la messe d'ouverture de la célèbre foire du Lendit à Saint-Denis (voy. *Indictum*) le second mercredi du mois de uin. On datait souvent les chartes et les actes divers des jours du Lendit, ou de a Bénédiction. En 1261 : *ce fu fait ou mois de juyn, le dimanche après la Bénéiçon.* Dans une pièce de 1280 : *le Dimanche prochain après la Bénéiçon du Landit.*

Berchtag, perchtag ou *prechtag*, l'Épiphanie.

Betwoche, Bittwoche, Behtage, les Rogations.

Biduana. Jeûne de deux jours (Matthieu de Westminster.) Désigne aussi le Vendredi-Saint.

Binding day, le second mardi après Pâques ; autrement appelé *Hock-day.*

Black monday (littér. le lundi noir) Lundi après Pâques. « In Anglia, feria secunda Paschae *Blakmononday nuncupatur.* »

Black sunday. Le Dimanche de la Passion (littér. le dimanche noir.) En Allemagne : *der schwartze Sontag.*

Bloody Thursday (littéral. Jeudi sanglant). Jeudi de la première semaine de Carême.

Flue Monday, en Allemagne *der Blaue Montag* ; littéralement le lundi bleu, Lundi de la Septuagésime.

Blutstag (le jour du sang), le Jeudi-Saint.

Bohordicum, Bouhourdis, Béhourdi, Behourdich, espèce de joute qui se faisait avec des bâtons, les I et II Dimanches de Carême. *Le Dimence premier Behourdi*, dans un cartulaire de Cambrai. *Le Samedi après le Behourdich.* (Hist. généal. de la M. de Guines, pr. p. 556.) Voy. aussi *Bordæ*, qui désigne également le premier Dimanche de Carême ou le Dimanche de la Quadragésime.

Bordæ, Buræ, les Bordes, les Bures, les Brandons. Ces noms désignent les 1er dimanche de Carême ou de la Quadragésime et toute la semaine suivante, ours pendant lesquels le peuple faisait des espèces de joutes avec des bâtons appelés Bordes. « Lesquels portoient chascun ung baston ou Borde, en leur « main. » Du Cange. « Ce fu fait le jor des Bordes, en l'année 1285, ou mois de Mars. » A la même époque on allumait des feux de joie appellés les Brandons. Voy. *Brandones.*

Borrowed ou *Borrowing days* (littér[t] : jours empruntés [à Avril qui est spécialement le mois des tempêtes en Écosse]). Les trois derniers jours de Mars.

Brancheriæ, le Dimanche des Rameaux.

Brandones, Brandons; Buræ, les Bules, les Buires. Le 1er Dimanche de Carême ou le Dimanche de la Quadragésime. *Ad Dominicam primam Quadragesimæ venturæ quæ appellatur Brandones. — Dominica prima Quadragesimæ quæ vocatur Dominica Brandonum. — Le Dimenche que l'en dist des premiers Brandons. —* En Lorraine et en Alsace, on appelait *Bures* et *Bules,* ce qu'on nommait ailleurs les *Brandons : Le Dimanche des Buires. — Datam anno Domini 1254, feria quinta post Buras. — Le jour des Bules prochein venant.* (Du Cange.) Ces mots rappellent l'usage existant encore dans quelques campagnes d'allumer des feux de joies et de promener des falots en flammes le 1er Dimanche de Carême et les jours suivants, au milieu de danses populaires.

Broncheria, et mieux *Brancheria,* le dimanche des Rameaux. *Datum Sarlata, ante festum Broncheriæ, anno D.* 1370.

Bura, Burarum Dies. Voy. *Brandones.*

Burdillini dies, la quinzaine des Behourdihs. Voyez *Behordicum.*

C.

Cæci nati (dies), le mercredi de la Mi-Carême.

Calamai. La Chandeleuse ou Purification de la Sainte-Vierge, le 2 février.

Calendæ. Voy. *Kalendæ.*

Calendaou (lou), *Calènes* (les), le 25 décembre, ou le jour de Noël, en Provence.

Campanarum Festum, l'Annonciation, ou 25 mars.

Cananée (La), le jeudi de la première semaine de Carême.

Candela, chandelle, mot employé pour marquer le tiers de la nuit, qu'on divisait en trois chandelles. Dans une charte de 1386, il est dit : *L'exposant s'en alloit en sa maison, environ heure d'une chandelle de nuit.* Et en une autre de 1408 : *En ce faisant, le suppliant mist et vacqua tout ledit jour et bien jusqu'à deux chandelles de nuit.*

Candelosa, Candelarum Festum, Candelatio, Candelariæ, la *Chandeleuse,* la *Chandelure, Candelière, Calamai,* la fête de la Purification de la Vierge ; et en même temps fête de la Présentation de l'Enfant Jésus au Temple, le 2 février. Voy. *Hypapanti,* nom de cette fête dans l'Église grecque.

Candlemas, en Angleterre., le 2 février, la Purification.

Canite, ou *Canite tuba*, introït, et le 4ᵉ dimanche de l'Avent.

Cantate Domino, Introït et nom du 4° dimanche après Pâques.

Capitilavium, le Dimanche des Rameaux, ainsi désigné parce qu'en ce jour on lavait la tête de ceux qui devaient être baptisés, opération bien nécessaire en Orient, car il était défendu de prendre des bains durant tout le Carême.

Caput jejunii, le mercredi des Cendres.

Caput kalendarum, caput nonarum, caput iduum. Voy. *Kalendæ.*

Cara cognatio, le 22 février. Voy. *Festum S. Petri Epularum.*

Carementranum, Carementranus, Caremprenium, en français *Carême-entrant, Carême-prenant*, le Mardi-Gras.

Carismata dia, Charismatis dies, le jour de grâce. Dimanche de la Pentecôte.

Caristia, le 22 février. Voy. *Festum S. Petri Epularum.*

Carnicapium, Carniplarium, Carnicapium, le Mardi-Gras.

Carnisprivium novum, le dimanche de la Quinquagésime, qui précède le Mardi-Gras. *Die dominica sequenti*, (le dimanche 12 février 1301, dimanche de la Quinquagésime) *qua fuit Carnisprivium*, lit-on dans les comptes des Trésoriers de Savoie, M. Saraceno, *Regesto dei principi d'Acaïa.* Turin, 1881. p. 36. Voy. *Dominica ad Carnes levandas.*

Carnisprivium vetus, le dimanche de la Quadragésime ou le premier dimanche de Carême. Avant le neuvième siècle, dans l'église latine, on ne commençait l'abstinence que le premier dimanche de Carême; et l'on ne jeûnait point les quatre derniers jours de la semaine de la Quinquagésime, du mercredi des Cendres au samedi suivant, comme nous jeûnons aujourd'hui. Mais, à partir du 9ᵉ siècle, le mercredi qui suit la Quinquagésime, le mercredi des Cendres, devint le 1ᵉʳ jour de Carême. De là les mots *Carniprivium vetus*, et *Carniprivium novum*, et l'expression *Inter duo Carniprivia* pour désigner les jours qui séparent le dimanche de la Quinquagésime du dimanche de la Quadragésime.

Carniprivium, Carnisprivium, désigne quelquefois les premiers jours de Carême, et quelquefois le dimanche de la Septuagésime, parce que les gens pieux commençaient, dès ce dimanche, à s'abstenir de manger de la viande, surtout les ecclésiastiques et les religieux. Aussi ce Dimanche est-il appelé *Carniprivium, Carnisprivium*, ou *Privicarnium sacerdotum*, etc.

Carniprivia [Inter duo], voy. les explications au mot *Carnisprivium vetus.*

Carnivora Dies, Dies carnem relinquens, le Mardi-Gras (Cf. Peterfy, *Conc. Hungariæ*, Tom. I, pag. 31).

Cathedra Sancti Petri. La Chaire de St-Pierre à Antioche, le 22 février. — Jusqu'en 155', on a célébré le 22 février la fête de la Chaire de St-Pierre, à Antioche, en réunissant à cette fête celle de la chaire ou de l'épiscopat de St-Pierre à Rome même. En 1558, Paul IV, pour répondre aux prétentions des réformateurs qui niaient le séjour et le pontificat de St-Pierre à Rome, transporta ou rétablit la célébration de la *Chaire de St-Pierre à Rome* au 18 janvier, et assigna le 22 février pour la célébration de la seule *Chaire d'Antioche*, la première que l'Apôtre ait occupée. (Voy. D. Guéranger, *année liturg.* t. III, p. 352, 1er éd.). — On a désigné la fête de St-Pierre, au Moyen-Age, sous les noms divers et assez bizarres de *Saint-Perchery, Saint-Pierre yver sous pierre, Sanctus Petrus Cathedratus, Festum Epularum Sancti Petri, Caristia, Cara cognatio,* etc.

Chairetismos, dans l'Eglise grecque, l'Annonciation ou littéralement la Salutation de la Sainte-Vierge, 25 Mars.

Chananéenne (La) ou le dimanche de la Chananéenne, le 2e dimanche de Carême.

Chandeleur (La) ou Chandeleuse, le 2 Février. Voyez *Candelosa* et *Hypapanti.*

Chari'as Dei, Introït de la messe du samedi des quatre temps de la Pentecôte.

Chasse mars. L'Annonciation. Notre Dame de Chasse mars.

Cheretismus, du grec Χαιρετισμός, Salutation, Annonciation, le 25 Mars.

Childermas, littéral. : la messe des [saints] enfants. 28 déc. Voyez Innocents.) De même en Allemagne : *Kindertag nae mitwinter* (le jour des Enfants près du milieu de l'hiver) ; *Unschuldiger kindertag,* le jour des Enfants innocents.

Christi templo deductio. 2 Fév. Voy. *Hypapanti.*

Christi Festum, la Noël.

Cibavit eos, Introït du lundi de la Pentecôte.

Cienkesmes, Ciunkesme, en Flandre, la Pentecôte. Voy. *Mercredi ens ou Cienkesmes.*

Cineris et cilicii dies ; Dies cinerum. Le Mercredi des Cendres.

Circumcisio Agni, Circumcisio Domini, le 1er Janvier.

Circumdederunt, Introït, et nom du dimanche de la Septuagésime.

Clausum Pascha, Pâque close, autrefois la *close* ou *La clouse des Pâques,* le dimanche après Pâques, ou la *Quasimodo.* Le dimanche suivant s'appelait *dominica prima post clausum Pascha,* (c'est notre second dimanche après Pâques) et ainsi des suivants. *Clausum Pentecostes,* le dimanche de la Trinité. On voit cependant le IIe dimanche après la Pentecôte désigné ainsi dans la chronique de Benoît de Péterborough.

Clericorum, ou *Dominorum Bacchanalia.* Dimanche de la Quinquagésime ; ainsi appelé des festins bruyants des clercs avant d'entrer dans le Carême.

Clavorum Festum, ou *Festum de clavis Domini.* Voy. *Coronæ Christi festum.*

Close ou *Cluse de Pasche,* le dimanche de la Quasimodo. Voy. *Clausum Pascha.*

Coena Domini, la Cène de Notre-Seigneur. *Coena pura,* le Vendredi-Saint.

Commémoration des Almes, 2 nov. Voy. *Commemoratio omnium fidelium* et *Animarum Dies.*

Commemoratio Bedæ, 27 Mai.

— *Basilii,* 8 Juillet.

— *omnium Sanctorum,* 1er Nov.

— *adventus spiritus,* 15 Mai.

Commemoratio ascensionis dominicæ, 5 Mai.

— *assumptionis Mariæ*, 25 sept.

— *omnium fidelium* ; le 2 Novembre, chez les Latins ; le jeudi avant la Pentecôte, chez les Grecs ; dans l'Église de Milan, au XVIe siècle, jusqu'en 1582, le lundi après le IIIe dimanche d'Octobre. Voy. *Animarum Dies*.

Commovisti terram et conturbasti eam, le Dimanche de la Sexagésime, dont le trait commence par ces mots. On rapporte que le cardinal Othon, légat de Grégoire IX, arriva en 1231, à Liége, le Dimanche où l'on chante ce verset à la messe.

Communibus [*Feria quarta in*). On appelait *Communis*, la semaine qui commence au Dimanche après la S. Michel de Septembre. Voy. *Septimana Communis*.

Compassion de la Vierge ou *Notre-Dame de-Pitié*, le vendredi de la semaine de la Passion.

Compassio B. Mariae virginis, le vendredi après Judica (5e dimanche du Carême). Cette date a été ainsi fixée pour toute l'Église en 1727 ; auparavant elle était aussi célébrée le vendredi après Jubilate (3e dimanche après Pâques, à Cologne (depuis 1423), et le vendredi après Exaudi (6e dimanche après Pâques), à Lubeck.

Conceptio B. Mariæ, l'Immaculée Conception de la Sainte-Vierge, le 8 Décembre.

Conceptio Domini , l'Annonciation, le 25 Mars.

Conceptio S. Johannis Baptistæ, 24 Sept.

Conductus Paschæ, le dimanche après Pâques, et l'intervalle compris entre ces deux dimanches ; « feria sexta in conductu Paschæ » (1373), « feria quarta infra conductum Paschæ » (1489).

Conductus Pentecostes, le dimanche après la Pentecôte.

Confessio et pulchritudo, le jeudi après le 1er dimanche de Carême

Consecrationis sanctæ Mariæ Dies ou *Festum* ; fête de la dédicace de la basilique de Sainte-Marie Majeure à Rome, au 5 août ; ou de la dédicace de Sainte-Marie du Panthéon, au 13 mai. Voy. *Dedicatio*.

Conseil des Juifs, le Vendredi avant le Dimanche des Rameaux.

Conversio (ou même *Conversatio*) *Sancti Pauli*. Conversion de St-Paul, 25 janvier. L'Église fête, en outre, deux autres conversions, celle de St-Augustin et celle de Ste-Pélagie.

Cornets (*Fête aux*), en Picardie, le 7 Mai. Voy. *Fête aux Cornets*.

Coronæ Christi Festum , fête célébrée en Allemagne, le Vendredi après l'Octave de Pâques, ou le vendredi suivant, si le premier était occupé par une autre fête. Cette fête est encore appelée : *Festum Armorum Christi, Festum instrumentorum Dominicæ Passionis, F. Hastæ, F. Clavorum, F. de Coronâ, F. de Clavis Domini, F. de Lancea*, etc.

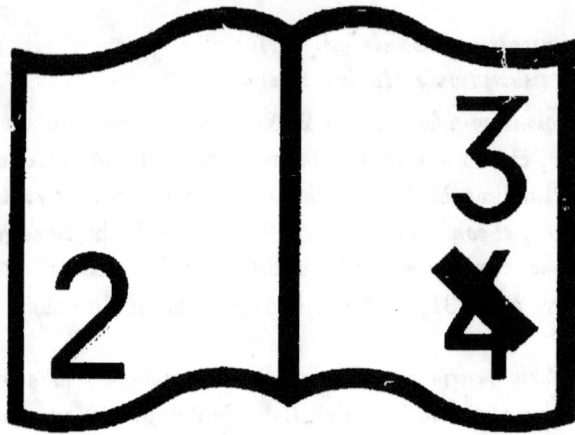

Pagination incorrecte — date incorrecte

NF Z 43-120-12

Coronæ Domini Festum, la Susception de la Sainte Couronne par St-Louis, fête qui se célèbre à Paris, le 11 Août.

Corps de Dieu (La feste du), *Dies Corporis Christi* ; la Fête-Dieu, la Fête du Saint-Sacrement. Voy. *Corpus Christi*.

Corpus Christi. Corporis Christi Festum. La fête du Saint-Sacrement ou la *Fête-Dieu*. Fête mobile instituée par Urbain IV, et célébrée le jeudi après le Dimanche de la Trinité. On lit dans une charte : *Die Mercurii in vigilia Corporis Christi, anno* 1382. Voy. *Saint-Sacrement*.

Correction fraternelle, le Mardi de la troisième semaine de Carême.

Croix de Mai (La Fête de la Ste-). Fête de l'Invention de la Sainte Croix, célébrée le 3 mai par les Latins, le 6 Mars chez les Grecs.

Croix (*Exaltation de la Sainte-*), le 14 Septembre. Voy *Exaltatio*.

Croix noires (les), *Cruces Nigræ*, la procession du jour de Saint-Marc au 25 Avril. *Litania hæc*, dit Durand (*Ration. div. off. l.* 6, *c.* 102) *dicitur Gregoriana, vel Romana. Vocatur etiam cruces nigræ, quoniam, in signum mæroris ex tantâ hominum strage* (la peste qui avait désolé Rome), *et in signum pænitentiæ, homines nigris vestibus induebantur, et cruces et altaria nigris velabantur*. Joinville appelle de même le jour de Saint-Marc le *jour des croix noires*. En général, au moyen-âge, on donnait le nom de Croix à toutes les processions. Le prêtre Wolfard, au liv. 3 des Miracles de sainte Walburge, c. 2, nomme la semaine des Rogations, *Hebdomada crucium*. (Voy. du Cange, *Obs. sur l'hist. de saint Louis*, pag. 43 et 44.)

Cum sanctificatus fuero, le mercredi après *Lætare* (4ᵉ dimanche de Carême).

Cyclus Decemnovalis, le Cycle de XIX ans ou Nombre d'Or, employé pour calculer les Lunes et trouver le 1ᵉʳ jour de chaque Lunaison. Voy. ci-dessus la Dissert. *sur les dates des Chartes*, § XIV. col. 50.

Cyclus lunæ, Cyclus lunaris, le Cycle de la Lune, souvent confondu dans les anciennes chartes du Moyen-Age avec le Cycle de Dix-Neuf ans ou Nombre d'Or, quoiqu'il en soit différent. Voy. la *Dissert.* § XIV, col. 50.

D.

Da pacem, Introït et nom du XVIIIᵉ dimanche après la Pentecôte.

Dæmon mutus, le Démon muet, le troisième dimanche de Carême.

Décaméron (Le), l'intervalle entre la Pentecôte et l'Ascension.

Décolasse (La) ou *La saint Jean Decolas*, Fête de la Décollation de S. Jean-Baptiste, au 29 Août. Voy. S. *Jean de Colasse*.

Dedicatio urbis Constantinopolis, 10 ou 11 Mai. Voy. *Genethliacus dies C. P.*

Dedicatio S. Sepulcri, de l'Église du Saint-Sépulcre, ou *Dedicatio basilicæ Resurrectionis*, à Jérusalem, le 14 Septembre.

Dedicatio, Dédicace, et aussi au moyen-âge *Ducasse*.

Dédicace de l'autel de S. Julien à Rome, martyr, le 19 Avril.

— de l'église de Sainte Marie *ad Martyres* ou Sainte Marie de la Rotonde (le Panthéon) à Rome, converti en église par Boniface IV. (Voy. *Natalis Sanctæ Mariæ*, 13 Mai.)

— de l'église de S. Nicodème, martyr, 1er Juin.

— du monastère *Salvatoris mundi* (monastère de S. Jean de Latran [1]);

— *ecclesiæ S. Mariæ* (L'Ara cæli, à Rome), 10 Juin.

— de la Basilique de S. Martin à Tours, 14 Juillet.

— de S. Pierre aux Liens, à Rome, 1er Août.

— de N. D. des Anges ou de la Portioncule à Assise, 2 Août.

— de la Basilique de Ste Marie Majeure à Rome, dite *Sancta Maria Major, Sancta Maria ad Nives, Sancta Maria ad Præsepe*; fête célébrée le 5 août, et non, comme le dit M. Hampson, le 5 Juin.

— de la chapelle de S. Venceslas à Prague, 10 Sept.

— de l'église de S. Michel Archange, au Mont Gargano, 29 Sept.

— de la Basilique du Sauveur ou Basilique Constantinienne à Rome, devenue la basilique de Saint Jean-de-Latran, le 9 Novembre.

— des Basiliques de S. Pierre et S. Paul. *Dedicatio Basilicarum sanctorum Apostolorum Petri et Pauli*, le 20 Novembre.

— de l'église de S. Genès, à Arles, 16 Déc.

— de toutes les Églises. Fête mobile dont l'époque a varié suivant les temps et les diocèses. On la célébrait dans beaucoup de pays le jour anniversaire de la dédicace de l'église cathédrale. Aujourd'hui, on la célèbre généralement en France le Dimanche qui suit l'octave de la Toussaint.

Delun, Deluns, Dilun, Dilus, le lundi. En 1306. « Donné à Paris, le diluns d'avant Pasques Flories. » *Ord. des Rois*. t. I. p. 449.

Deluys, Lundi. Hellin, seigneur de Chisoing, mande, à plusieurs personnes, qu'il a vendu à Marguerite, comtesse de Flandre, les hommages qu'elles lui devaient, et qu'il les tient quittes de leur féauté; *ki furent données, l'an de l'Incarnation mil CCLX et onze, le deluys devant Pâques flories.*

Depositio, le jour de la mort d'un saint qui ordinairement n'est point martyr.

— S. Aethelfredæ virg., 23 Oct.

— S. Athelwoldi, 1er Août.

— S. Basilii, 1er Janvier.

— S. Byrini, 3 Déc.

— S. Cuthberti, 20 Mars.

— S. Dunstani, 19 Mai.

— S. Eadburgæ virg., 15 Juin.

— S. Eadgithe virg., 16 Sept.

— S. Eadmundi archiepiscopi, 16 Nov.

1. La Patrologie de l'abbé Migne, t. 128, p. 149-150; t. 163, p. 445.

Depositio, S. Mariæ matris domini nostri Jesu-Christi, 18 Fév.

— S. Patricii, 17 mars.

— S. Swithuni episcopi, 2 juillet.

Descensio primi carbonis, chez les chrétiens de Syrie, le 7 Février.

— *secundi* — — le 14 Février.

— *tertii* — — le 21 Février.

Deus, dum egrederis, Introït et nom du mercredi après la Pentecôte.

Deus, in adjutorium, Introït, et nom du XIIe dimanche après la Pentecôte.

Deus, in loco sancto, Introït, et nom du XIe dimanche après la Pentecôte.

Deus, in nomine tuo, Introït, et nom du lundi après *Laetare* (4e dimanche du Carême).

Deus omnium exauditor est. Deuxième répons du 1er nocturne du IIIe Dimanche après la Pentecôte et des suivants jusqu'au 1er Dimanche d'Août. On trouve dans les Hist. de Normandie publiés par Du Chesne, le couronnement de Henri, fils de Henri II, roi d'Angleterre, ainsi mentionné en 1170 : *Dominica qua cantatur : Deus omnium*. Or il est certain, d'ailleurs, que le prince Henri fut couronné un Dimanche 21 Juin 1170, comme le prouve Pagi (not. à Baronius), lequel Dimanche était le IVe après la Pentecôte, ainsi qu'on le voit dans les Tables chronologiques, Pâques tombant cette année le 5 Avril et la lettre dominicale étant D.

Deus, qui in errantibus, Introït de la collecte du 3e Dimanche après Pâques.

Devenres, Divenres, Vendredi. Gilles Rigault, seigneur de Caen, reconnaît avoir reçu du comte de Flandre, 20 livres parisis, par lettres, *ki furent données, l'an de grasches* MCC. IIIIXX et XIII, *le devenres prochain* après Pâques closes.

Dicit Dominus, Introït et nom du XXIIIe. et XXIVe dimanche après la Pentecôte.

Dierum Dominicorum Rex. Le Dimanche de la Trinité.

Dierum omnium supremus. le jour de Pâques.

Dierum rex, le jour de Pâques.

Dies. Voy. le second mot dépendant et déterminant le sens du premier , comme : *Absolutionis, Absolutus, Ad Carnes, Adoratus, Ægyptiaci, Aliturgici, Animarum, Architrilinii, Ater, Baronum, Bordarum, Burdillini, Cœci nati, Carnivora, Cilicii, Cinerum, Corporis Christi, Dominicus, Egri, Felicissimus, Florum, Focorum, Indulgentiæ, Intrantes, Johannis parvi, Jovis albus, Litaniarum, Lamentationum, Lavationis, Magnæ dominæ, Magnæ festivalis, Magnus, Mandati, Mercurinus, Muti, Mysteriorum, Natalis, Neophytorum, Osanna, Palmarum, Pandicularis, Passionis, Pingues, Pulcra, Quatuor, Reconciliationis, Rosarum, Salax lunæ, Sancti, Sanctus, Scrutinii Sex, Sanctissimi, Solis, Trium regum, Viginti, Viridis*, etc.

Dilun, Dilus, Dimar, Dimars, Dimecre, Dijaus, Divendre, Disapte, Dimenge, lundi, mardi, mercredi, jeudi, vendredi, samedi et dimanche, dans les chartes et la langue du Midi de la France.

Dimanche après la Bénéïçon (Le) et plus explicitement *le Dimanche prochain après la Bénéïçon du Landit*, le Dimanche qui suivait l'ouverture de la foire du Lendit, ouverture que marquait la célébration d'une messe suivie d'une *Bénédiction*, ou Salut solennel.

Dimanche Behourdich, ou Dimanche des Brandons. Voyez *Bohordicum*.

Dimanche Cabée (Le) en Béarn, le Dimanche de la Quinquagésime, *D. in Capite Jejunii*, ou *Quadragesimæ*.

Dimanche des Bures, premier Dimanche du Carême. Voyez *Bordæ*.

Dimanche (Le) *d'avant que Dieu fût vendu*, le jour des Rameaux, dans une charte du chapitre de Saint-Vulfran d'Abbeville, de l'an 1293.

Dimanche du mois de Pâques, Dimanche de *Quasimodo*.

Dimanche Repus, ou *Repnus*, le Dimanche de la Passion : ainsi nommé du mot latin *Repositus*, parce que, dans le rit romain, la veille de ce dimanche on couvre les images des saints.

Disputatio Domini cum doctoribus in templo, le 1er dimanche après l'Épiphanie.

Dissabté, Disatté, le Samedi, *Dies Sabbatti*.

Divisio ou *Dispersio* ou *Dimissio Apostolorum*, le 15 juillet. On connaît une charte de Jacques de Condé, *de Condato, pro Ecclesiâ Condatensi*, datée ainsi : *in vigiliâ divisionis Apostolorum, ann.* 1243, c'est-à-dire le 14 juillet (*Miræus, opp. Diplom.*, tom. I, pag. 759.) Les Polonais célèbrent encore la fête de la Division des Apôtres, en faveur de la grande victoire qu'ils remportèrent, ce jour là, en 1410, à Tanneberg, sur les chevaliers teutoniques.

Dodécaméron, nom, chez les Grecs, des douze jours qui sont entre Noël et l'Épiphanie.

Domine, in tua misericordia, Introït et nom du premier Dimanche après la Pentecôte.

Domine, ne longe, Introït et nom du Dimanche des Rameaux.

Domine refugium, Introït et nom du mardi après le dimanche d'*Invocavit* (1er Dimanche de Carême.)

Dominica ad carnes levandas, ou *tollendas*, le Dimanche de la Quinquagésime, qui précède le Mercredi des Cendres. Voyez *Carnisprivium novum*.

— *adorandæ crucis*. Voy. *Dominica* σταυροπροςχυνήσεως.

— *ad Palmas*, le Dimanche des Rameaux.

— *Ad te Levavi* ; Introït du premier Dimanche de l'Avent.

— *alba*, le Dimanche de la Pentecôte.

— *Albas* (s. ent. *post*), le premier Dimanche après Pâques, ou D. de Quasimodo. Voy. *Dominica in Albis*.

— *amandorum inimicorum*, le 19e dimanche après la Pentecôte dans l'Église grecque.

— *ambulationis in mari*, le 9e dimanche après la Pentecôte dans l'Église grecque.

— *ante Brandones*, le Dimanche de la Quinquagésime.

Dominica ante Candelas, le Dimanche avant la Chandeleur.

— *ante carnes tollendas, ante caput jejunii*, le Dimanche de la Quinquagésime.

— *ante cineres*, la Quinquagésime.

— *ante Exaltationem crucis*, le 16e dimanche après la Pentecôte dans l'Église grecque.

— *ante Jejunium*, ou *ante Jujunium kalendarum novembris*, le dimanche avant la Toussaint, dans la liturgie mozarabique.

— *ante Litanias*, le cinquième dimanche après Pâques.

— *ante Natale Domini, prima, secunda, tertia*; le 2e, 3e et 4e dimanche de l'Avent, dans un calendrier antérieur au 4e siècle.

— *ante Palmas*, le 2e dimanche avant Pâques.

— *ante sancta Lumina*, le dimanche dans l'octave de la Circoncision, ou avant l'Épiphanie, dans l'Église grecque.

— *aperta*, tout dimanche qui n'est point prévenu par l'office de quelque saint, ou d'une octave.

— *Apostolorum*, à Venise. On lit dans une lettre de rémission de 1412 (Du Cange, au mot *Dominica*) : « le Dimenche que l'en appelle au païs (de Venise) le Dimenche des Apostres. »

— *Asoti*, ou *Filii prodigi*, chez les Grecs, le Dimanche de la Septuagésime, jour auquel on lit l'Évangile de 'Enfant Prodigue : c'est, dans l'église latine, le Samedi de la deuxième semaine de Carême.

— *Aspiciens a longe*; 1er répons, du 1er Dimanche de Carême.

— *Benedicta*, le Dimanche de la Trinité, le premier après la Pentecôte.

— *Brandonum, Burarum, Focorum*, le premier Dimanche de Carême. Voyez *Bordæ*.

— *Cæci nati*, chez les Grecs le sixième Dimanche Pascal, qui répond à notre cinquième dimanche après Pâques ; à Milan le Dimanche de l'Aveugle-né est le quatrième de Carême ; dans le reste de l'Église latine, où l'on suit le Rit Romain, l'Évangile de l'Aveugle-né se lit le Mercredi de la quatrième semaine de Carême, qui s'appelle pour cette raison, le Mercredi de l'Aveugle-né.

— *Cantate*, 4e dimanche après Pâques.

— *Capitilavii*, le Lave Chef, le Dimanche des Rameaux.

— *carne levale*, ou *de carne levario*, c'est le Dimanche de la Quinquagésime, dans toutes les Églises qui commencent le jeûne du Carême au mercredi qui suit ce dimanche ; mais c'est le premier dimanche de la Quadragésime, dans l'Église de Milan et les autres qui, à son exemple, n'ouvraient le jeûne qu'à ce dimanche-ci.

— *Centurionis*, le 5e dimanche après la Pentecôte dans l'Église grecque.

— *Chananeæ*, le deuxième Dimanche de Carême.

Dominica Christi docentis, le second dimanche après la Pentecôte dans l'Église grecque.

— *Clavi*, le Dimanche de la Passion, nommé à Lagny *le Dimenche du Clou*. Cartul. de Lagny.

— *Circumdederunt me*, la Septuagésime.

— *competentium*, le Jour des Rameaux, où les catéchumènes obtenaient la permission d'être baptisés le dimanche suivant.

— *de Abrahame*, le 3e dimanche de Carême dans l'Église de Milan.

— *de Amandis inimicis*, 19e dimanche après la Pentecôte.

— *decima quinta*, ou *de Zacchæo*, dans l'Église grecque, le 2e dimanche après l'Epiphanie, ou *Festum Architriclini* ou des Noces de Cana.

— *de Decem leprosis*, le 3e Dimanche de l'Avent dans l'Église grecque.

— *de Divite et Lazaro*, le 22e dimanche del a Pentecôte dans l'Église grecque.

— *de Duobus Cæcis*, le 7e dimanche après la Pentecôte dans l'Église grecque

— *de Filio viduæ*, le 20e dimanche après la Pentecôte dans l'Église grecque.

— *de Fontanis*, Dimanche des Fontaines, le quatrième dimanche de Carême dans le Perche et ailleurs.

— *de habente legionem*, le 23e dimanche après la Pentecôte, dans l'Église grecque.

— *de interrogante Jesum divite*, le 12e dimanche après la Pentecôte dans l'Église grecque. Et avec *Jurisconsulto* au lieu de *Divite*, le 15e dimanche.

— *de Jerusalem*, le second dimanche de l'Avent.

— *de Lazaro*, le 5e dimanche du Carême, à Milan.

— *de Lignis orditis*, le premier dimanche de Carême. Voy. *Bohordicum*.

— *de lunatico*, le 10e dimanche après la Pentecôte, dans l'Eglise grecque.

— *de Modicum*, le dimanche entre la Litanie Majeure (25 Avril) et l'Ascension (Hampson. p. 86.)

— *de Muliere habente spiritum infirmitatis*, le Dimanche de l'Avent chez les Grecs.

— *de panibus*, le 8e dimanche après la Pentecôte ou, dans l'Église latine, le Dimanche de la Mi-Carême.

— *de Parabola regis*, le 11e dimanche après la Pentecôte.

— *de Parabola seminis*, le 23e dimanche après la Pentecôte.

— *de Parabola vineæ*, le 13e dimanche après la Pentecôte.

— *de Pastor bonus*, le second dimanche après Pâques.

— *de Prodigo*. Voy. *Dominica Asoti*

Dominica de Quinque panibus et decem piscibus, le 8e dimanche après la Pente-
      côte.

—   *de Quintana*, le Dimanche de la Quadragésime.

—   *de Samaritana*, 2e dimanche de Carême.

—   *de Transfiguratione*, le second dimanche de Carême, dont l'Évangile
      contient l'histoire de la Transfiguration du Sauveur.

—   *de Venatione piscium*, le 18e dimanche après la Pentecôte, dans
      l'Eglise grecque.

—   *de vexatis a dæmone*, le 5e dimanche après la Pentecôte, dans l'Église
      grecque.

—   *de vocatis ad nuptias*, le second dimanche de l'Avent.

—   *de Zacchæo*, dans l'Église grecque, le 2e dimanche après l'Épiphanie.

—   *Dum medium Silentium*, le dimanche dans l'Octave de Noël, ou le
      premier dimanche après Noël. Introït.

—   *Duplex*, le Dimanche de la Trinité, parce qu'il est en même temps
      le premier dimanche après la Pentecôte. On le nomme aussi
      Dominica Benedicta, et *Rex Dominicarum*.

—   *Exaudi*, sixième dimanche après la Pentecôte.

—   *Excarnalium*, le Dimanche de la Quinquagésime.

—   *filii prodigi*. Voy. *D. Asoti*.

—   *Focorum*, le premier dimanche de Carême, ou des Brandons.

—   *Florum*, le Dimanche des Rameaux.

—   *Gaudete in Domino*, troisième dimanche de l'Avent. Introït.

—   *gaudii*, le Jour de Pâques.

—   *Hosanna*, le Dimanche des Rameaux.

—   *in Albis, in Albis depositis, post Albas*, le premier dimanche après
      Pâques ou de la *Quasimodo*, ainsi appelé *Dominica in Albis depositis*,
      parce que dans les premiers siècles de l'Église, les cathécumènes
      préparés au baptême déposaient en ce jour les vêtements blancs
      qu'ils avaient jusque là portés. L'Église reprend de même à partir
      de ce jour les vêtements de couleur.

—   *in Capite Quadragesimæ*, en Béarn, *Dimenche Cabée*, le Dimanche
      de la Quinquagésime.

—   *Indulgentiæ*, le Dimanche des Rameaux.

—   *Inferius*, sous entendu *Paschæ*, un des dimanches après Pâques.

—   *infra octavam Circumcisionis domini*, dimanche entre le 1er et le 6
      Janvier. — *Infra octavam Epiphaniæ*, le premier dimanche après
      l'Épiphanie. — *Infra octavam natalis Domini*, le dimanche après
      Noël.

—   *in Palmis, in Ramis*, le Dimanche des Rameaux.

Dominica in Passione Domini, le Dimanche de la Passion, le cinquième de Carême. Cette expression s'entend quelquefois aussi de tous les dimanches de Carême.

— *Jerusalem*, sous entendu *Lætare*, quatrième dimanche de Carême.

— *Judica*, cinquième dimanche du Carême ou Dimanche de la Passion, dont l'Introït commence par ces mots : *Judica me*.

— *lavantium capita*, le Dimanche des Rameaux. Voyez *Capitilavium*.

— *Lætare*, le quatrième dimanche de Carême, dont l'Introït commence par ces mots : *Lætare Jerusalem*.

— *Lucæ primâ, secundâ*, etc., chez les Grecs, les dimanches après l'Exaltation de la Sainte-Croix, parce qu'on lit, ce jour là, l'Évangile de Saint-Luc. On en compte treize, dont le dixième répond a notre premier dimanche de l'Avent.

— *duodecim Lucæ* est le troisième dimanche de l'Avent.

— *Lucæ decima quinta, sive Zachæi*, c'est le second dimanche après l'Épiphanie, chez les Grecs, jour auquel on reprend la lecture de l'Évangile de Saint-Luc.

— *Lucæ decimâ sextâ, sive Publicani et Pharisæi*, le troisième dimanche après l'Épiphanie, chez les Grecs.

— *Mapparum Albarum*, le *Dimanche des Nappes blanches*, le second dimanche après Pâques.

— *Matthæi primâ, secundâ, tertiâ*, etc., c'est ainsi que les Grecs appellent les dimanches après la Pentecôte, parce qu'on lit, ces jours là, l'évangile de Saint-Mathieu, divisé par sections ; il est à remarquer que le premier de ces dimanches répond à notre premier dimanche après la Pentecôte ; à la différence des dimanches après Pâques des Grecs, qui anticipaient d'une unité sur les nôtres.

— *media Quadragesimae* ou *in media Quadragesima*, le Dimanche de la Mi-Carême.

— *Mediana*, le Dimanche de la Passion. Folcuin, dans sa Chronique de Laube, l'appelle *Mediana octava*, peut-être parce que c'est le huitième dimanche, en commençant par celui de la Septuagésime ; mais la semaine qui précède immédiatement ce dimanche, s'appelait aussi *Hebdomada Mediana*.

— *Memento nostri*, ancien Introït du quatrième dimanche de Carême remplacé par : *Rorate cæli*.

— *mensis Paschæ*. Un compte de l'Hôtel de Saint-Louis, rendu à l'Ascension de 1234, prouve que cette expression désignait le 4e dimanche après Pâques, et que le mois de Pâques se terminait 35 jours après le Dimanche des Rameaux : *Pro vadiis de XXV. diebus a Pascha Florida usque ad mensem Paschæ* (D. Bouquet)

Si l'on compte 35 jours après le Dimanche des Rameaux on arrive au quatrième dimanche après Pâques. Ce dimanche s'appelait donc *Dominica mensis Paschæ*, ou même simplement *Mensis Paschæ*.

Dominica Mirabilia Domine, le second dimanche après Pâques.

— *misericordia*. C'est ainsi qu'avant le XII⁰ siècle, les Latins appelaient le quatrième dimanche après la Pentecôte, suivant M. Baillet.

— *modo geniti*, le premier dimanche après Pâques. Voy. *Quasimodo*.

— *nova*, κυριακὴ νεά, chez les Grecs, le premier dimanche après Pâques. Voy. *Antipascha*.

— *Oculi*, troisième dimanche du Carême, dont l'Introït commence par *Oculi*.

— *Olivarum*, le Dimanche des Rameaux.

— *Omnis terra*, deuxième dimanche après l'Épiphanie. Introït. Le Dimanche de Zachée dans l'Église grecque.

— *orthodoxiæ*, le premier dimanche du Carême dans l'Église grecque.

— *Osanna* ou *Osannæ*, le Dimanche des Rameaux.

— *Paralytici* chez les Grecs, notre troisième dimanche après Pâques, qu'ils appellent le quatrième.

— *pinguis, le Dimanche grassot*, le Dimanche de la Quinquagésime.

— *Populus Sion*, le second dimanche de l'Avent. Introït.

— *post Albas*. Voyez *Dominica in Albis*.

— *post Ascensum Domini*, le dimanche dans l'octave de l'Ascension.

— *post Benedictionem indicti*, le second dimanche après la Pentecôte. Charte de 1260 : *Au mois de Juyn le Diemenche après la Bénéiçon*. Charte de 1314 : *Le Dimenche prochain après la Béniçon du Landit*.

— *post focos, post ignes*, le dimanche après les Brandons, ou le second dimanche de Carême.

— *post novum annum*, le premier dimanche après le 1ᵉʳ Janvier.

— *post octavam Epiphaniæ*, le second dimanche après l'Épiphanie.

— *post ostensionem reliquiarum*, le second dimanche après Pâques.

— *post sancta lumina* chez les Grecs, le premier dimanche après l'Épiphanie.

— *post Strenas*, le premier dimanche après le premier Janvier.

— *prima, secunda, tertia ante Natale Domini*, le second, le troisième et le quatrième dimanche de l'Avent, dans un vieux calendrier romain, cité par du Cange, au mot *Dominica*.

— *privilegiata*, le premier dimanche de Carême.

— *Publicani* et *Pharisæi*, chez les Grecs, le sixième dimanche après l'Épiphanie.

— *qua cantatur* : « Aspiciens a longe, Isti sunt Dies, Oculi, Judica, » etc. Voy. ces mots.

Dominica Quadragesimæ, le premier dimanche de Carême ou le Dimanche
Béhourdi, *Béhourt*. Voy. *Bohordicum*.

— *Quadraginta*, le Dimanche de la Quinquagésime. Ainsi nommé du
premier répons des Matines.

— *Quintana, Quintanæ, de Quintland*, ou *Quintana* seul, le premier
dimanche de Carême, qui est le cinquième avant la quinzaine de
Pâques.

— *Ramis palmarum, Dominica Ramifera, Palmifera*, le Dimanche des
Rameaux.

— *refectionis*, le quatrième dimanche du Carême.

— *reliquiarum*, le dimanche des reliques de saint Thomas de Cantorbéry,
le 8 Juillet.

— *Reposita, le Dimenche Repus*, ou *Repnus*, le Dimanche de la Passion,
ainsi nommé parce qu'en ce jour les images des saints sont
voilées.

— *Resurrectio*, n'indique pas toujours le dimanche de la Résurrection ou
de Pâques ; l'expression désigne aussi quelquefois un dimanche
quelconque de l'année.

— *Rogationum*, le cinquième dimanche après Pâques.

— *Rosæ* ou *Rosata*, le quatrième dimanche de Carême, ainsi appelé à
cause de la Rose d'or que le Pape bénit ce jour-là. Le Saint-Père
adresse ordinairement cette Rose à la personne la plus qualifiée
qui se trouve alors à Rome ou l'envoie à un prince étranger ou à
un personnage considérable. On attribue cet usage au pape saint
Léon IX. (*Nouv. Traité de Diplom.* t. V, p. 221, cf. p. 247.)

— *Rosa* (de) ou *de Rosis*, le dimanche dans l'octave de l'Ascension ;
soit parce que c'est le temps où les roses fleurissent, soit parce
qu'on jonchait autrefois de roses, à Rome, l'église où était la
station, lorsque le Pape allait y officier.

Dominicarum rex, le roi des Dimanches, le Dimanche de la Trinité, premier
manche après la Pentecôte.

Dominica Samaritanæ, chez les Grecs, notre quatrième dimanche après Pâques
qu'ils appellent le cinquième.

— *sancta*, ou *sancta in Pascha*, le jour de Pâques.

— *sanctæ Trinitatis*, le Dimanche de la Trinité, le premier après la
Pentecôte. Il est quelquefois appelé le *Roi des Dimanches*.

— *sponsaliorum, Dimanche d'Espousailles*, un dimanche auquel il est
permis de célébrer les noces.

— *Surrexi*, le Jour de Pâques.

Dominica σταυροπροσκυνήσεως, ou *adorandæ Crucis*, le troisième dimanche de
Carême, chez les Grecs, qui adorent solennellement la Croix, ce
jour là, et toute la semaine suivante, qui est leur quatrième
semaine de Carême.

Dominica Transfigurationis, le deuxième dimanche de Carême, ainsi nommé à cause de l'Evangile du jour, bien que la Transfiguration de N.-S. soit du 6 Août.

— *trium Septimanarum Paschæ*, ou *Paschatis*, désignait le troisième dimanche après Pâques. Cela se prouve, par le procès-verbal du parlement (qualifié à tort concile par le P. Labbe), tenu à Paris l'an 1224 par le roi Louis VIII : pièce rapportée dans les preuves de l'Histoire du Languedoc, t. III, col. 93. Il y est dit que le légat Conrad fut introduit dans cette assemblée, *Dominica trium septimanarum Paschæ*, pour recevoir la réponse du Roi au Pape, touchant la révocation des indulgences qu'il avait accordées à ceux qui se croiseraient contre les Albigeois. Or, l'auteur des·*Gestes* de Louis VIII, nous apprend, que ce jour était le 5 mai, jour auquel tombait, en 1224, le troisième dimanche après Pâques. Ce dimanche, et celui des trois semaines de Pâques, sont donc la même chose. (Voyez *Tres septimanæ Paschæ*. On trouve aussi l'expression *Dominica trium septimanarum Pentecostes*, pour laquelle nous donnerions une explication analogue; c'est-à-dire, que ces trois semaines commencent à la Pentecôte. (Art de vérif. les Dates). Voyez *Tres septimanæ*.

— *Tyrophagi*, le Dimanche de la Quinquagésime, dans l'Église grecque, où l'on donne le même nom à la semaine qui le précède. Après ce dimanche, les Grecs n'usent plus de laitage jusqu'à Pâques.

— *unam Domini*, le deuxième dimanche après Pâques, ainsi désigné dans le Journal des Visites que Simon de Beaulieu, archevêque de Bourges et primat d'Aquitaine fit dans la province de Bordeaux, en 1291. (*Editio Veneta concil.*, tom. XIV, p. 986.)

— *vacans*, ou *vacat*, c'est le nom qu'on donne, dans l'Église latine, aux deux dimanches entre Noël et l'Épiphanie ; parce qu'ils sont toujours remplis par une fête ou une octave. Ils sont différents des suivants.

— *vetus*, dans une charte citée par Carpentier (Du Cang. *Suppl.*) désigne le Dimanche de Pâques ou le Dimanche de la Septuagésime.

— *vocis jucunditatis*, le cinquième après Pâques.

— *Zacchæi*, dans l'Église grecque, le deuxième dimanche après l'Épiphanie, dit aussi *Festum Architriclini*.

Dominicæ Matris festivitas, l'Annonciation dans le 9ᵉ concile de Tolède.

Dominicæ vacantes, les dimanches qui suivent les samedis des Quatre-Temps et de l'Ordination ; parce que l'office de ces samedis se faisant autrefois la nuit, il ne restait pas assez de temps pour faire un office propre le dimanche matin. Ces dimanches étaient alors appelés *Vacantes*, parce qu'ils n'avaient point d'office propre.

Domini Corona Spinea, le 4 Mai ; à Meissen seulement le 2 Septembre. Les Cisterciens la fêtent le 11 août, les Dominicains le 7 Mai.

Domini inventio in templo, le 21 Février à Bresslau.

Dominicum, pour *Dominica*, dans quelques auteurs du Moyen-Age, comme *Dominicum sanctum*, le Jour de Pâques ; *Dominicum secundum post clausum Pascha*, le troisième dimanche après Pâques.

Dominicus Dies, le Jour du Seigneur par excellence, le Jour de Pâques. Les restrictions que M. Hampson propose à cette explication positive des auteurs de l'Art de vérifier les Dates ne paraissent pas fondées.

Dominike, forme allemande du latin *Dominica*, Dimanche.

Dominus dixit, la première messe de Noël.

Dominus fortitudo, Introït et nom du sixième dimanche après la Pentecôte.

Dominus illuminatio mea, Introït et nom du quatrième dimanche après la Pentecôte.

Dominus surrexit, le 27 Mai.

Dorentage, Dorlentage, le Lundi et le Mardi-Gras qui précèdent le Mercredi des Cendres.

Dormitio Sanctæ Mariæ, l'Assomption de la Sainte-Vierge, le 15 Août. Dans plusieurs anciens calendriers, la *fête du Repos de la Vierge* se trouve placée au 18 janvier. Les Maronites conservent au collège de leur nation à Rome un calendrier syriaque, où il est parlé du *repos* de la mère de Dieu, au 21 du mois Tybi, date qui répond au 16 Janvier.

Dormitio S. Johannis Evangelistæ, le 27 Décembre.

Drauschken montag, le Lundi de la Quasimodo, en Silésie.

Drei artzetag (le jour des trois médecins), le 6 Janv., d'après Zinkernagel ; ou mieux le 28 juillet, jour des ss. Pantaléon (médcin) Nazaire et Celse.

Drei nægel tag (le jour des trois clous), le second vendredi après Pâques.

Dreissigste tag unser Frauen (le 30ᵉ jour de Notre-Dame), le 13 Septembre ; l'intervalle entre l'Assomption et l'Exaltation de la Croix a été nommé aussi *Die dreissigste*.

Ducasse (Fête de la) est la fête de la Dédicace. Voy. ce mot.

Dum clamarem, Introït et nom du dixième dimanche après la Pentecôte.

Dum medium silentium, le dimanche dans l'octave de Noël, et celui d'après la Circoncision, lorsqu'il tombe la veille des Rois.

Duplex majus. Boniface VIII décréta que les fêtes des Apôtres,, des 4 évangélistes et des 4 docteurs (s. Grégoire, s. Augustin, s Ambroise, et s. Jérome) seraient célébrées dans toutes les églises du monde avec l'honneur d'une double fête.

E.

Eastermonath, Ostarmanod, Eosturmonath, le mois d'Avril chez les Anglo-Saxons, les Flamands et les Germains.

Eau changée en vin aux Noces de Cana, le 6 Janvier. Voyez *Epiphania*.

Ecce advenit, le 6 Janvier.

Ecce Deus adjuvat, Introït et nom du neuvième dimanche après la Pentecôte.

Exactio Christi en Aegypto, le 11 Janvier ; en Brandebourg seulement le 19 Février. *Inductio in Aegyptum*, le 11 Février en Brandebourg.

Eduxit Dominus, le dimanche après Pâques.

Eduxit eos. Vendredi après Pâques.

Effairies de Pâques (Les). Les cinq jours qui séparent le Dimanche de Pâques du Dimanche de Quasimodo. Voy. *Ferialia Paschæ*.

Eger, Egri (Dies). On considère ces mots du Moyen-Age, comme une traduction erronée des sigles *Dies Aeg.* abréviations de *Dies Ægyptiaci*, les jours funestes ou malheureux. Voy. *Ægyptiaci Dies*.

Ego autem cum justitia. Vendredi après Reminiscere (2e dimanche de Carême).

Ego autem in Domino, le mercredi après Oculi (3e dimanche de Carême).

Ego clamavi, le mardi après Oculi.

Ego sum pastor bonus. Le second dimanche après Pâques.

Egressio Noe ex arca, le 28 Avril.

Ember ou *Embrong days* ; littéralement jours des Cendres, c. à. d. de mortification ; en Angleterre ; le même que nos Quatre-Temps.

Encaenia, le jour de la Consécration du Temple, le 25 Décembre.

Enfant Prodigue (L'), le samedi de la seconde semaine de Carême.

Epipanti, le 2 Février. Voyez *Hypapanti*.

Epiphania, Théophania, Épiphanie, le jour des Rois, en vieux français, la *Tiphaine, Tiphagne, Tiéphaine, Thiéphanie*, etc. Noms qui ont aussi été donnés au jour de Noël, mais très rarement dans ces derniers siècles, à moins que le nom de Noël n'y soit ajouté ainsi : la *Thiphaine de Noël*. On a encore appelé l'Epiphanie, *Apparitio*, l'Apparition de notre Seigneur, qui se fit alors connaître aux hommes, et *Festum stellæ*, la Fête de l'Étoile.

Les Fêtes des Rois, de l'adoration des Mages, de l'Eau changée en vin aux Noces de Cana et du Baptême de Jésus-Christ, se célébrent en un même jour le six Janvier. La Fête de Noël s'est toujours célébrée le 25 décembre en Occident. Mais en Egypte et en Grèce, du moins dans les premiers siècles, on l'a aussi célébrée avec l'Epiphanie, le 6 Janvier.

Episcopatus puerorum, le 28 Décembre.

Epularum Sancti Petri Festum ou *Dies*, la chaire de Saint-Pierre, à Antioche, le 22 Février ; jour auquel les Païens faisaient de grands repas sur les tombeaux de leurs parents, ce qu'ils appelaient *cara cognatio* ou *caristia*. On permit aussi aux Chrétiens de célébrer, ce jour-là, des Agapes, ou banquets religieux, en l'honneur de Saint-Pierre. On a appelé cette fête la *Saint-Perchery*. Paul IV en a transféré la célébration au 18 Janvier. Voy. *Cathedra Sancti Petri*.

Era. Ce mot désigne généralement l'Ère d'Espagne qui commence 38 ans après l'Ere chrétienne. Il parait cependant que le mot a été pris quelquefois même en Espagne, comme désignant une année quelconque de l'Ère de la Nativité. C'est du moins le sentiment des Bénédictins. Voy. Concile d'Aragon, de 1062.

Esto mihi, Introït du Dimanche de la Quinquagésime.

Europae festorum sancta, le 20 Avril. (Voy. Hampson, *Gloss.*, p. 123).

Eutaules, ou *Eutalles*, pour Octave. Dans le Cartulaire de Saint-Pierre-du-Mont : *ce fut fait l'an que li milliaire corroit par M et CC et LX et XIII ans, lou lundi après les Eutaules de la Pentecoste.* Une épitaphe, gravée sur une tombe, à la cathédrale de Metz, porte : *Cy gist li Sires Jehans de Raigecourt, chanoines et coustre de sayans, et prévos de S. Salvour. Qi morut lou jor des Eutales S. Annes, per MCCC et XLVIII ans. Prieis por lui.* Amen.

Evangelium Chananeæ, le troisième dimanche de Carême.

Evangelismi Festum, 5e dimanche après Pâques.

Exaltatio sanctæ Crucis, fête fixée au 14 Septembre, dans l'Église grecque, comme dans l'Église latine. On prétend, sur la foi des actes de sainte Marie égyptienne, que cette fête se célébrait, avant que l'empereur Héraclius eût reporté, à Jérusalem, la vraie Croix qu'il avait recouvrée sur les Perses, l'an 628. Ce qui est certain, c'est qu'à Jérusalem on célébrait, le 14 Septembre, l'anniversaire de la Dédicace de l'Église de la Résurrection, bâtie par sainte Hélène, et qu'en ce jour on adorait la vraie Croix.

Exaudi Domine, Introït du dimanche dans l'octave de l'Ascension, ou du sixième dimanche après Pâques.

Exaudivit de templo, lundi et mardi après Rogate (5e dimanche après Pâques).

Exceptio reliquiarum S. Dionysii cum sociis ejus, le 15 Juillet.

Ex ore infantium, le 28 Décembre, à partir de 1573.

Expecta Dominum, le Mardi après Judica (5e dimanche de Carême).

Expectatio B. Mariæ, la fête de l'Expectation de la sainte Vierge, ou de l'attente de sa délivrance ; le jour qu'on chante la première des antiennes appelées les OO de l'Avent. C'est le 18 Décembre, et, en quelques églises, le 16 du même mois, comme à Paris, où il y a neuf antiennes, tandis qu'il n'y en a que sept, dans les églises où la fête de l'Expectation se célébrait le 18 du même mois. Voy. *Oléries*.

Exurge, Domine, Introït et nom du Dimanche de la Sexagésime.

Exurge, Domine, quare obdormisti, le 4e dimanche de l'Avent.

Exultate Deo, le mercredi des Quatre-Temps après l'Exaltation (21 Septembre).

F.

Fac mecum, Domine, le vendredi après Oculi (3e dimanche de Carême).

Factus est Dominus, Introït et nom du second dimanche après la Pentecôte.

Felicissimus Dies, le jour de Pâques.

Femme adultère (La), le samedi de la troisième semaine de Carême

Fenal, Fenel, Fenaud, Fenou, Fenoul, Fenail, Fenereck, Fenalmois, la fin de juin et le mois de juillet, époque de la Fenaison, dans les Flandres.

Fenels (*S. Pierre des*). Le jour de s. Pierre et de s. Paul, 29 Juin, dans la saison des foins.

Feria. Ce mot a eu deux sens. Il a signifié *Férie*, et désigné les jours de la semaine; il a signifié également *Foire*. Nous séparons les expressions diverses qui se raportent à ces deux significations.

Feria a été quelquefois remplacé par *Forensis*. (Voir ce mot.)

§ 1.

L'usage s'introduisit d'appeler *Féries* les six jours de la semaine ordinaire, bien qu'ils ne soient pas fériés, parce qu'on nomma d'abord ainsi les six jours de la semaine de Pâques, lesquels étaient réellement chômés et exempts de tout travail, comme le dimanche.

Feria prima, est le dimanche.

— *secunda*, » lundi.
— *tertia*, » mardi.
— *quarta*, » mercredi.
— *quinta*, » jeudi.
— *sexta*, » vendredi.
— *septima*, » samedi.
— *ad Angelum*, le mercredi des Quatre-Tems de l'Avent; parce qu'on chante ce jour-là l'évangile *Missus est*.
— *Alba*, le Jeudi-Saint.
— *bona sexta*, le Vendredi-Saint; — *Septima*, le Samedi-Saint.
— *cœci nati*, le mercredi après le Dimanche de Lætare (4° dimanche de Carême).
— *introduxit nos Dominus*, le lundi de Pâques.
— *judicii extremi*, le lundi après *Invocavit* (premier dimanche de Carême).
— *largum sero*, le 24 Décembre.
— *magnificat*, le jeudi après Oculi (troisième dimanche de Carême).
— *magni Scrutinii*, ou *Sancti Scrutinii*, le mercredi de la quatrième semaine de Carême, où l'on commençait l'examen des catéchumènes qu'on devait admettre au baptême, dix-huit jours après.
— *quarta cinerum*, le Mercredi des Cendres.
— *quarta major*, ou *magna*, le Mercredi-Saint.
— *quinta major*, ou *magna*, le Jeudi-Saint.
— *Salus populi*, le jeudi après *Oculi*, troisième dimanche de Carême.
— *secunda major*, ou *magna*, le Lundi-Saint.
— *septima major*, ou *magna*, le Samedi-Saint.
— *sexta major*, ou *magna*, le Vendredi-Saint.
— *tertia major*, ou *magna*, le Mercredi-Saint.

§ 2.

Fera Lignini, mauvaise leçon des *Fontes rer. Austr.* de Tafel et Thomas (t. XII, Doc. Vénitiens, t. 1, p. 385.) Obligation contractée à Venise par les barons français en 1202 — est pour *Feria Lagnini* la foire de Lagny, une des foires de Champagne, et n'a aucun rapport avec un Saint-Linguin, d'ailleurs fort incertain.

Feria Calida, la Foire Chaude, en Champagne; c'est la foire de la s. Jean-Baptiste, à Troyes, le 24 Juin.

— *Frigida*, la Foire du 1er Octobre, à Troyes. L'une des célèbres foires de Champagne, comme la précédente.

— *Prati*, la Foire du Pré ou de la Prairie, désigne dans les documents normands du XIIIe et du XIVe siècle, et particulièrement dans les documents du diocèse de Caen, le 9 Octobre ou Fête de s. Denis, jour auquel se tenait une grande foire dans la prairie de Caen. C'était une époque de paiement très fréquemment indiquée. (Cte de Bourmont, *Bibl. de l'Ec. des chart.* 1880, p. 457.)

Ferialia Paschæ. Il faut entendre par là les jours compris entre Pâques et la Quasimodo. Dans le compte de l'an 1202, publié par Brussel à la suite de son *Examen de l'usage des fiefs*, on lit (t. II, p. CCVI): *Pro VII balistariis equitibus a quintana usque ad diem Mercurii ferialium Paschæ de XLV diebus*, etc. Le quarante-cinquième jour après le premier dimanche de Carême (*Quintana*) est bien le mercredi de Pâques; il ne peut donc y avoir aucun doute sur l'expression *dies Mercurii ferialium Paschæ*. On trouve dans le même compte, le samedi de Pâques appelé *dies Sabbati ferialium Paschæ*.

Ces dénominations, à vrai dire, ne présentent pas de difficulté; mais il n'est pas inutile d'en rapprocher une locution analogue, qui est peut-être beaucoup moins connue quoiqu'elle ait persisté beaucoup plus tard. Nous voulons parler du mot *effairie* ou *effarie* employé deux fois dans un livre d'heures manuscrit qui avait appartenu à une famille originaire du Mans, domiciliée ensuite à Laval. Les chefs de la maison en avait fait un véritable registre d'état civil, où chacun d'eux, successivement, inscrivait les mariages, les naissances et les décès de ses proches. Voici la date de l'un de ces actes: *Le mardi des effairies de Pasques, 22e jour d'avril, l'an mil cinq cens unze*; en 1511, Pâques répond au 30 avril, et par conséquent *le mardi des effairies de Pâques* désigne le mardi de Pâques, de même que dans le compte de 1202 le mercredi de Pâques est désigné par les mots *dies Mercurii ferialium Paschæ*. Que les *effairies* se rattachent naturellement aux *féries*, on n'en peut pas douter; mais il ne faudrait pas les confondre; car la *première férie* désignait invariablement le dimanche, tandis que, dans une autre date tirée de ce même livre d'heures, les mots *premier effarie* s'appliquent nécessairement au lundi de Pâques: *Le 20 d'avril 1609, entre Pasques et le 1er effarie...*; en 1609, Pâques tomba le 19 avril, et c'est la nuit du dimanche au lundi de Pâques qu'on a voulu évidemment désigner par cette formule de date. (*Annuaire de la Soc. de l'hist. de Fr.* 1852, p. 30-32.)

Festa Paschalia. « Les auteurs ecclésiastiques, grecs et latins, dit M. de

» Marca (*Histoire de Béarn*, p. 803), depuis mille ans, ont appelé les trois
» solennités, de la Nativité, de la Résurrection et de la Pentecôte, les fêtes Pas-
» chales ou les jours Paschals, soit à l'exemple des Juifs, qui nommaient Pâques
» les trois principales solennités de l'année, la Scénopégie, les Azimes et la Pen-
» tecôte, qui était la fermeture ou le dernier jour de la cinquantaine après le
» dernier des Azymes ; soit en conséquence, peut-être, de ce que, par le synode
» d'Agde et par les Capitulaires, il fut ordonné à tous les fidèles de communier
» aux trois fêtes de Pâques, de la Pentecôte et de la Nativité, comme il était
» ordonné auparavant de conférer le baptême aux fêtes seules de Pâques et de la
» Pentecôte... auxquels jours l'usage ajouta depuis, celui de la Nativité, pour la
» célébration du baptême solennel, comme il était affecté pour la communion. »

Feste. Voy. Fête.

Festivitas beatæ Annæ, matris S. Mariæ, 26 Juillet.

Festivitas Dominicæ Matris, l'Annonciation, au neuvième concile de Tolède.

Festorum omnium metropolis, le 25 Décembre.

Festum. Voy. aussi les mots *Festa, Fête, Festivitas,* et indépendamment des
indications suivantes, le second mot complétant le sens, comme : *Angelorum,
Animarum, Apostolorum, Architriclini, Asinorum, Brancheriarum, Coronæ
Christi, Coronæ Domini,* etc.

Festum Agnetis secundo, l'octave de la fête de Ste-Agnès, le 28 Janvier.

— *a vinculis Petri,* la fête de s. Pierre aux liens, le 1er Août.

— *Azimorum,* le jour de Pâques.

— *Calendarum,* dans une charte de Marseille, semble être le jour de Noël,
fête que les Provençaux appellent encore aujourd'hui Calènes.
Voyez *Festum Calendarum* au mot *Kalendæ.*

— *calicis,* ou *Natalis calicis,* le Jeudi-Saint, en commémoration de
l'institution de l'Eucharistie.

— *Campanarum,* en quelques provinces, le 25 Mars, peut-être, disent les
Bénédictins, parce que on sonnait beaucoup de cloches, à cause de la
fête de l'Annonciation.

— *Candelarum, Candelosæ,* la Chandeleur, le 2 Février. Voyez *Hypapanti.*

— *Catenarum S. Petri.* La fête de s. Pierre aux liens, le 1er Août.

— *Christi,* Noël, suivant la Chronique Anglo-Saxone.

— *compassionis,* ou *septem dolorum B. Mariæ.* Le vendredi après le
dimanche de *Jubilate* (voy. ce mot), à Cologne, en Angleterre et en
Italie ; — le vendredi avant la Pentecôte à Lubeck ; — le mercredi
de la semaine de la Passion en France.

— *Conceptionis sancti Joannis Baptistæ,* le 20 Septembre, à Limoges ; le
24 Septembre, d'ap. Hampson.

— *corporis Christi* (La Fête-Dieu). Voyez *Corpus Christi.*

— *Coronæ.* Voy. *Corona Christi,* etc.

— *de Clavis Domini.* Voyez *Festum Coronæ Christi.*

Festum Dei, Fête-Dieu. Voy. *Corpus Christi.* La Fête-Dieu, ou Fête du Saint-Sacrement, dite aussi le *Sacre du Corps de Dieu,* la *Saint-Sauveur,* en latin *Corporis Christi Festum.* Voy. ces mots.

— *de Nomine Jesu,* le 15 Janvier chez les Dominicains ; le 15 Mars à Meissen.

— *Divisionis,* ou *de Dispersione Apostolorum,* jour auquel les Apôtres se séparèrent pour aller prêcher l'Évangile dans le monde. Cette fête est marquée, par plusieurs martyrologes, au 15 Juillet ; et au 14 du même mois, dans un manuscrit de Saint-Victor de Paris.

— *Evangelismi,* cinquième dimanche après Pâques. Cette fête, où l'on honore le commencement de la Prédication de J.-C., était autrefois fixée, en plusieurs lieux, au 1er mai.

— *festorum.* Le Jour de Pâques.

— *Herbarum,* l'Assomption de la Sainte-Vierge.

— *Hypapantes,* le 2 Février. Voyez *Hypapanti.*

— *Hypodiaconorum,* ou *Subdiaconorum,* fête des sous-diacres, le premier de l'an, dans quelques églises, ou le jour suivant ; dans d'autres, à la fin de l'année.

— *incarnationis Verbi.* L'Annonciation.

— *innocentum,* le 28 Décembre.

— *instrumentorum Dominicæ Passionis* ; F. *Lanceæ Domini.* Voyez *Festum Coronæ Christi.*

— *inventionis capitis S. Johannis.* Le 24 Février.

— *luminarium.* L'Épiphanie.

— *Luminum,* la Chandeleur, le 2 Février. Voyez *Hypapanti.*

— B. *Mariæ de Nive.* Sainte Marie-aux-Neiges, que l'Église romaine célèbre le 5 Août. Voyez pour les explic. S. *Maria ad Nives.*

— B. *Mariæ de Victoria.* Voyez S. *Maria de Victoria.*

— *Magorum,* l'Epiphanie.

— *nivis.* Le même que *Festum B. Mariæ ad nives.* (Voy. ce mot).

— *nominis Jesu.* Le 7 Août.

— *obdormitionis B. M. Virginis.* L'Assomption.

— *Occursus,* le 2 Février. Voyez *Hypapanti.*

— *Olivarum,* le Dimanche des Rameaux.

— *omnium Sanctorum,* fête de tous les Saints, la Toussaint, 1er Novembre; le premier dimanche après la Pentecôte, chez les Grecs.

— *Orthodoxiæ,* le deuxième dimanche de Carême dans l'Église grecque.

— *ovorum* Le samedi qui précède le Mardi-Gras.

— *Palmarum,* le Dimanche des Rameaux.

— *passionis dominicæ imaginis.* Le 9 Novembre.

— *passionis Petri.* le 29 Juin. jour des ss. Pierre: Paul

Festum patefactionis Christi in monte Thabor. La Transfiguration de Notre-
  Seigneur, le 6 Août.

— *primitiarum*, le 1er d'Août, dans la Chronique saxonne d'Angleterre.

— *primitivum*, le 1er Août.

— *principis apostolorum.* La fête de s. Pierre aux liens.

— *relevationis S. Stephani.* Le 3 Août.

— *reliquiarum* ; à Paris, la *Feste des Reliques* est la fête de la réception des
  reliques de la Passion à la Sainte-Chapelle. On la célébrait le 30
  Septembre. Bibl. nat. mss. suppl. français n° 218 à l'an 1322.
  (*Annuaire de la Soc. de l'Hist. de Fr.* 1851. p. 34.)

— *reliquiarum et armorum* (depuis 1354), le vendredi après Quasimodo
  (premier dimanche après Pâques).

— *reliquiarum ecclesiæ B. Petri Exoniensis*, 22 Mai.

— *rosarii B. Mariæ* ; la même que *Festum B. Mariæ de Victoria.*

— *sacrosancti Sacramenti.* Voy. *Corpus Christi*, la Fête-Dieu

— *sanctificationis Deiparæ.* La Nativité de la Vierge, 8 Septembre.

— *B. Mariæ de Navicella*, la fête de la dédicace de l'église de Sainte-Marie
  de la Navicella à Rome.

— *S. Petri Epularum.* Voy. *Cathedra S. Petri.*

— *sancti Regis*, en Hongrie, la fête du roi Saint-Étienne, qui tombe le 2
  Septembre.

— *S. Simeonis*, le 2 Février. Voyez *Hypapanti.*

— *Sancti Spiritus.* La Pentecôte.

— *Sanctorum Mariæ et Filiastri. Filiaster*, ou *Filius sororis*, désignerait,
  suivant Du Cange (t. III, 293) s. Jacques, frère du Sauveur, et la
  fête dont il est ici question tomberait le 14 des Cal. d'Août, ou le 19
  Juillet. Mais Cf. Hampson, p. 163.

— *sanguinis Christi*, peut-être le même que *Festum passionis dominicæ
  imaginis* (Voy. ce mot). Elle était célébrée le 19 Juin, d'après un
  missel de Bâle de 1480 ; la *Reportatio sanguinis*, le 3 Juin, d'après
  un missel d'Hildesheim de 1491.

— *septem Fratrum*, le 7 Juillet, dans un calendrier de Metz.

— *septem gaudiorum S. Mariæ*, le 23 Septembre.

— *spasmi S. Mariæ.* Voy. *Compassion de la Vierge.*

— *septuaginta duorum Christi Discipulorum*, le 15 Juillet, qui est aussi
  le jour consacré à la *fête de la division des Apôtres* : ce qui a peut-
  être donné lieu, à l'auteur du Martyrologe français de rapporter la
  fête des soixante-douze disciples au 4 Janvier, comme les Grecs, qui
  la célèbrent ce jour-là.

— *Stellæ*, le 6 Janvier. Voyez *Epiphania.*

Festum Stultorum, la fête des Fous, le premier jour de l'an, en plusieurs villes.

— *Translationis Jesu*, dans le testament de Rotherham, évêque d'Yorck, en 1498, est la même fête que la Transfiguration que nous célébrons le 6 Août. C'est peut-être une faute pour *Festum Transfigurationis*.

— *SS. Trinitatis*. Il y en avait deux : l'une le premier dimanche après la Pentecôte ; l'autre, le dernier. La première s'appelait *Trinitas œstivalis*.

— *trium regum*. La fête des trois rois [de Cologne] ; nom de l'Épiphanie.

— *Valletorum*, la fête aux Varlets ; le dimanche après la Saint-Denis, fête qui se célèbre le 9 Octobre.

— *visitationis occisorum a Tartaris Sendomiriae*. Fête instituée par Alexandre IV ; célébrée le 2 Juin.

Fête aux Cornets, ou le *Quarel saint Gentien*, 7 mai, veille de la translation des reliques de s. Gentien, à l'abbaye de Corbie. Ce jour, après les vêpres, ceux des habitants de Corbie, qui tenaient de l'abbaye, à demi-cens, certaines portions de terres appelées *quadrelli*, (d'où est venu le nom de quarel), montaient à cheval, se rendaient à la porte de l'abbaye, chacun une corne de bœuf à la main ; la parade faite, et les cornes remplies de vin, la compagnie s'en retournait en chantant. De là, le nom de *Fête aux Cornets*, donné à cette cérémonie.

Fête aux Normands (La), le 8 Décembre, Fête de l'Immaculée Conception.

— *de la Croix de Mai*. Invention de la Sainte-Croix, le 3 Mai. Voy. aussi *Exaltation de la Sainte Croix*, 14 Septembre.

Fête-Dieu. Voy. *Corpus Christi*.

— *des Anes*, *Fête des Fous*. Ces fêtes grossières, trop longtemps tolérées par l'Église pour amuser le peuple, avaient lieu le 1er Janvier, à la Circoncision (Fête des Fous) et le 14 Janvier (Fête des Anes).

— *des Merveilles*, ou Fête des Miracles, le lundi avant la fête de la s. Jean-Baptiste du 24 Juin ; (charte du comte de Savoie de 1312), abolie en 1401.

— *du Sacre de Nostre Seigneur*; *Feste du sacre du Corps de Nostre Seigneur*. C'est la Fête du Saint-Sacrement ou la Fête-Dieu. Voy. ces mots.

Florum atque Ramorum Dies, ou *Festum*, le Dimanche des Rameaux.

Focorum Dies, voy. *Brandones*, le premier dimanche de Carême. Voy. *Buræ, Bordæ, Brandones*.

Fonts bénis (Les). Le Samedi-Saint ; jour où l'on bénit les fonds baptismaux, jour qui était le véritable commencement de la nouvelle année. On connaît une charte passée à Béthune, le 5 avril 1539 « après les Fonts Bénis. » *Mercure de France*, 1736. Juin, p. 111.

Forensis employé quelquefois pour *Feria*. On trouve, dans Ludewig, des chartes datées *Forensi* IIII, *Forensi* V. C'est le mercredi et le jeudi. » Anno » Domini 1415, currente Forensi 4º, ante Dominicam Palmarum, quæ erat dies » 20 Martii, etc. » *Reliquiæ mss*. t. VI, p. 131. Voy. aussi p. 147-154,

Franciscani septem. Fête en commémoration de 7 Franciscains tués par les Sarrazins en 1221.

Frassnaendag, Frassgerdag, le lundi, le mardi de la Quinquagésime.

Frereld Freols, littéralement la fête du passage ou du voyage ; nom anglo-saxon de la Pâque.

G.

Gang days, littéralement les jours de promenades de procession ; les Rogations. De même en Allemagne : *Gangwoche, Gang tage*.

Gaudeamus omnes, le 29 décembre (Thomas, évêque de Cantorbéry).

Gaudete in Domino, Introït et nom du troisième dimanche de l'Avent.

Geiler montag, le lundi de la Quinquagésime.

Genethliacus dies Constantinopolitanæ Urbis, la Dédicace de la ville de Constantinople, le 11 Mai.

Gentien (Fête du Quarel S.), en Picardie. Voy. Fête aux Cornets.

Geskerech, Ghieskerec, Ghiesquière, Gaschière, Jascière, Giserech, Jusserech, et, paraît-il, *Juseris*, désignent dans les chartes flamandes le mois de Juin, (et non Août comme avait dit Du Cange), le mois des *Jachères*. (M. Émile Gachet, *Rech. sur les noms des mois*, p. 17.)

Giouli, Giuli, nom donné par Bède (*De ratione temporum*, Cap. 13.) aux deux mois de Décembre et de Janvier, parce que, dans l'année luni-solaire des anciens Anglo-Saxons, le solstice tombait tantôt dans l'un, tantôt dans l'autre de ces deux mois. *Æftera geola*, désignait le mois de Janvier chez les Anglo-Saxons.

Godeis Sunday, littéralement le jour de Dieu ; le jour de Pâques.

Good Friday, Good Thursday. Le Vendredi-Saint ; le Jeudi-Saint. On trouve aussi en Allemagne des expressions analogues : *Guter Donnerstag*, le Jeudi-Saint ; *Guter Freitag*, le Vendredi-Saint ; *Gute mittwocher*, le mercredi de la semaine sainte.

Grosser sonntag in der vasten, le grand dimanche du Carême, ou le dimanche d'Invocavit, premier dimanche de Carême.

Gula Augusti. La Gule ou Goule d'Aoust. La Saint-Pierre en Goule Août, au commencement d'Août. Le 1er Août, qui est la Saint-Pierre-aux-Liens.

H.

Habens legionem. Voy. *Dominica de habente legionem*.

Halcyon days. Les 7 jours avant, et les 7 jours après le solstice d'hiver, dans Bède.

Halegmonath, Halimgmonath, le mois de Septembre dans Bède.

Haout, Haoust-Maend, Huesten, le mois d'Août dans les documents flamands.

Hastæ Christi Festum. Voy. *Festum Coronæ Christi*.

Hebdomada Alba, Albaria ou *in Albis*. La semaine qui suit Pâques ou la Pentecôte.

— *Authentica*, la Semaine-Sainte.

— *Casta*, la semaine où commence le Carême.

— *Crucis*, la Semaine-Sainte.

— *Crucium*, la semaine des Rogations, ou semaine des Processions. Voy. ce que nous avons dit au mot : *Les Croix Noires*.

— *de Excepto*. La dernière semaine de l'Avent.

— *Duplex*. Voy. *Hebdomada Trinitatis*.

— *Expectationis*, la semaine d'après l'Ascension, qui rappelle l'Attente de la descente du Saint-Esprit sur les Apôtres.

— *ferialis*, la Semaine-Sainte.

— *Indulgentiæ*, la Semainte-Sainte.

— *laboriosa*, la semaine de la Passion.

— *Magna*, la Semaine-Sainte. On donnait aussi ce nom à la semaine avant la Pentecôte.

— *Mediana Quadragesimæ*, la quatrième semaine de Carême, celle qui précède la Passion.

— *Muta*, la Semaine-Sainte ; parce qu'on ne sonne point les cloches durant ses trois derniers jours, du Jeudi au Samedi-Saint.

— *Pœnalis, Pœnosa*, la Semaine-Sainte, la semaine Peneuse.

— *Palmarum*, la Semaine-Sainte, la semaine qui suit le Dimanche des Rameaux.

— *Sacra*, la semaine avant Pâques, et aussi la semaine qui précède la Pentecôte.

— *Trinitatis*, la semaine après le dimanche de la Trinité, appelée aussi *Hebdomada Duplex*, parce qu'elle est en même tems la semaine du premier dimanche après la Pentecôte.

Hebdomadæ Græcæ. Les semaines des Grecs sont composées comme les nôtres de sept jours ; mais il y a cette différence que le Dimanche est souvent le dernier jour de leur semaine, tandis qu'il est toujours le premier dans l'église latine. Ceci mérite une grande attention par rapport aux dates. Le nom d'une semaine ne se tire pas toujours, chez les Grecs, du dimanche qui la précède. Dans certains temps de l'année, il se prend du dimanche qui la suit, et qui en est comme la fin. Ainsi la première semaine de Carême dans le Calendrier grec, est celle qui précède le premier dimanche de Carême, et dans laquelle se trouve compris notre jour des Cendres. La semaine de la Passion n'est pas comme chez nous la semaine qui suit la Passion, mais la semaine qui précède le Dimanche de la Passion. De même la semaine des Rameaux dans l'église grecque est la semaine qui se trouve avant et non après le Dimanche des Rameaux, notre Semaine-Sainte. — Voici un exemple intéressant, qu'il est à propos de rapporter au sujet de cette dernière semaine : Il est positif que Constantinople fut prise par les Français, le 12 avril

3

1204, qui était le lundi de la Passion, notre lundi de la semaine de la Passion. Or, on lit dans Ville-Hardouin, que Constantinople fut prise par les Français le *Lundi de Pâques Flories*. Cette expression a trompé quelques auteurs, qui, faute de faire attention que Ville-Hardouin comptait les semaines à la grecque, ont cru qu'il désignait par là le lendemain des Rameaux (lundi 19 Avril), tandis qu'il désignait le lundi de la semaine précédente (le lundi de la Passion), qui effective- ment tombait le 12 Avril en 1204.

La semaine qui suit les Rameaux, ne s'appelle pas cependant chez les Grecs la semaine de Pâques, mais bien la Semaine-Sainte, comme parmi nous.

On voit par là que les semaines quadragésimales des Grecs ne répondent point à celle des Latins, quoiqu'elles soient en même nombre précisément que les nôtres. Il n'en est pas de même des semaines qui sont entre Pâques et la Pentecôte : elles ne prennent point leur nom du Dimanche qui les termine. La semaine, par exemple, qui vient après l'Octave de Pâques, s'appelle, dans l'Eglise grecque comme parmi nous, la seconde semaine après Pâques ; mais le dimanche suivant, qui est notre second dimanche après Pâques, se nomme parmi les Grecs le troisième, et ainsi des autres, en sorte que les Grecs comptent sept dimanches entre Pâques et la Pentecôte, celui de Pâques compris, et autant de semaines. Après la Pentecôte, ils recommencent à compter le dimanche pour le dernier jour de la semaine. Cependant, par une contradiction singulière, les Grecs ont l'habi- tude d'appeler en tous temps, comme nous, le lundi, le second jour de la semaine, le mardi le troisième, et de même des suivants. (*Art de vérif.*)

Hebdomas Diacænesima, la Semaine du renouvellement ; c'est la première semaine de Pâques, chez les Grecs.

Heilthumfest. Voyez *Festum reliquiarum*.

Herbarum Festum, l'Assomption de la Sainte-Vierge, 15 Août.

Herbitsmanoth, le mois de Septembre dans Eginhard.

Heumonath, Heumonet, Hewimanoth, Houmanod, le mois de Juillet, ou le mois de la Fenaison, chez les nations germaniques.

Heylmonath, Helmozat, le mois de Décembre, dans les doc. germaniques.

Hlafmas (en anglais moderne *Lammas*), littéralement la messe du pain. Le 1° Août.

Hodie scitis, la veille de Noël.

Holling. La veille de l'Épiphanie. La procession du Holling, à Brough, en Westmoreland, est une sorte de *Festum Stellæ*, en mémoire de l'étoile qui guida les Mages en Orient. Le Holling (ou holy tree, littéralement arbre sacré) est un frêne.

Hoke day, le jour des mystifications, le second mardi après Pâques.

Huitième de S. Jean, Huitième de S. Martin ; Octave de s. Jean, Octave de s. Martin et ainsi des autres.

Hypodiaconorum, ou *Subdiaconorum festum*. La fête des Sous-Diacres, le 1ᵉʳ ou 2ᵉ jour de l'an.

Hypapanti, hypapantes, hypante, du grec Ἱπαπαντι, en latin *Occursus*; en français, Rencontre; fête de la Présentation de N.-S. J.-C. au Temple, où se rencontrèrent le vieillard Siméon et Anne la prophétesse : *Festum S. Simeonis, F. Candelariæ, F. S. Mariæ Candelariæ, F. Candelosæ, Candelarum, F. luminum,* la Chandeleur; en quelques provinces, la Chandeleuse; communément la Purification de la Sainte-Vierge, que nous célébrons, le 2 Février.

I.

Idus, les Ides. Le 15 en Mars, Mai, Juillet et Octobre; le 13 dans les autres mois.

Iduum (Caput); le jour où l'on commençait à compter par les Ides, le 8 des Ides; c'est-à-dire le 8 du mois en Mars, Mai, Juillet et Octobre; le 6 dans les autres mois.

Illatio S. Mariæ, comme *Præsentatio S. Mariæ.* On lit dans un missel de Hambourg de 1509 : « Festum præsentationis Mariæ peragitur dominica sub octava Martini, quae, si in dominicam incidat, octava anticipatur sabbato. »

Immaculée Conception (L'), le 8 Décembre.

Incarnatio herilis. L'Incarnation du Seigneur.

Incarnation renouvelée. Cette expression indique, dans les pièces où on l'emploie, que le commencement de l'année y est pris au 25 Mars. Voy. ci-dessus, col. 22.

Inclina aurem tuam, Introït et nom du quinzième dimanche après la Pentecôte.

In Deo laudabo, le lundi après le Dimanche *Oculi.*

Indictum, la foire du Lendit, établie à S. Denis, en France, par Charles-le-Chauve, suivant Guillaume de Nangis. Elle commençait, anciennement, le Mercredi de la seconde semaine du mois de Juin : *Et nundinas inauct, in platæa quæ indictum dicitur, quolibet anno, in secundâ quartâ feriâ junii feri instituit.* On voit des chartes anciennes, datées d'avant ou d'après le Lendit.

Urbain II, étant à Angers, en 1096, établit aussi un Lendit en cette ville, pour l'anniversaire de la dédicace qu'il y avait faite de l'église de S. Nicolas, le dimanche de la Septuagésime, 10 février, de cette année : *Constituit etiam,* dit le comte Foulques le Rechin, *idem apostolicus, et edicto jussit, ut in eodem termino quo dedicationem fecerat, Indictum publicum celebraretur uno quoque anno apud S. Nicolaum.* (Chronique d'Angers, ap. Martène, *Thes. Anec., tom. III, col.* 1381). L'incendie du pont d'Angers est daté de l'an 1145, *Sabbato post indictum,* c'est-à-dire 16 Février. Voy. *Bénéisson.*

Inductio in Ægyptum, le 11 Février. Voy. *Eductio Christi ex Ægypto.*

Indulgentiae Dies, le Jeudi-Saint.

In excelso throno, Introït et nom du premier dimanche après l'Épiphanie.

Infernus factus est, le 13 Février.

In medio ecclesiæ, le 27 Décembre.

In nomine Jesu, le mercredi après le Dimanche des Rameaux.

Instrumentorum Dominicæ passionis festum. Voy. *Coronæ christi festum.*

Interrogans Jesum dives. Voy. *Dominica de Interrogante*, etc.

Intrantes ou *Exeuntes Dies.* Les derniers et les premiers jours du mois à l'époque où l'on divisait le mois en deux quinzaines. Voy. *Mensis intrans.*

Intret oratio mea, le samedi après *Invocavit*, premier dimanche de Carême.

Introduxit nos Dominus, le lundi de Pâques.

Inventio capitis S. Johannis præcursoris. Le 24 Février, dans le martyrologe de Bède.

— *corporis S. Dionysii*, le 22 Avril.

— *sanctæ Crucis*, le 3 Mai chez les Latins ; le 6 Mars, chez les Grecs du Moyen-Age. Aujourd'hui les Grecs réunissent cette fête à celle de l'Exaltation.

— *clavorum dominicorum*, le 7 Mai.

— *reliquiarum S. Stephani.* Le 3 Août.

Invocavit me, Introït et nom du premier dimanche de Carême.

In voluntate tuâ, Introït et nom du vingt-et-unième dimanche après la Pentecôte.

Isti sunt dies, Dimanche de la Passion, ainsi nommé du répons de la Procession.

J.

Janvir, Januel, Jenvir, Jhenover, Jhinoulié, Jenevoir, Genvier, Yenvier, le mois de Janvier.

Jean (S.) *de Collace*, la décollation de s. Jean-Baptiste, le 29 Août (Baluze, *Hist. de la Maison d'Auv*, t. II, p. 295).

Jejunandi tempore adortus. Le premier jour de Carême.

Jejunium aestivale. Le jeûne d'été, commençant le mercredi de la Pentecôte

— *autumnale*, après l'Exaltation (14 Septembre).

— *hiemale*, après la sainte Luce (13 Décembre).

— *vernale*, le Carême.

— *primi, quarti, decimi mensis.* Le jeûne de Mars, de Juin, de Décembre.

— *observatum tribus diebus.* Dans un calendrier mozarabique. Ces mots paraissent désigner les 3, 4 et 5 Janvier.

Jeudi (Le), le *Grand-Jeudi*, le Jeudi-Saint, appelé encore *le Jeudi blanc*, à cause des pains blancs ou de première qualité que l'on distribuait aux pauvres, usage pratiqué encore en plusieurs églises, après le lavement des pieds. Peut-être aussi ce nom vient-il des vêtements blancs et or que revêtent les prêtres en ce grand jour de l'institution de l'Eucharistie. Voy. *Festum Calicis.*

Jeudi Magnificat, ou le Jeudi de la Mi-Carême, ainsi nommé, en Picardie, du premier mot de la collecte.

Joannée ou *Jouannée.* La veille de s. Jean, 23 Juin.

Joannes Albus (S.), fête de la s. Jean-Baptiste, au 24 Juin.

Johan devant la porte de Arseyn (s. Jean devant la porte de l'Arsenal). Le 6 Mai. Le même que s. Jean *ante portam Latinam*.

Johannes in captivitate, le second dimanche de l'Avent.

Johannis parisi, ou *in dolio* (*Dies*); le 6 Mai.

— *conceptio, sanctificatio*, le 24 Septembre.

Josephus sponsus, la S. Joseph. Le 19 Mars.

Jouler Monath. C'est ainsi que les Suédois appellent le mois de Décembre, du nom de la fête ou du banquet qu'ils célébraient, étant encore païens, aux deux jours du solstice d'hiver. La *Jol* est ancienne dans le nord; et il en est fait mention dans l'Edda.

Jours nataux, les plus grandes fêtes de l'année. Voy. *Natales*.

Jovis absolutus, J. Absolutionis, le Jeudi-Saint.

— *albi dies*, le Jeudi-Saint.

— *mandati, Jovis in mandato dies*, le Jeudi-Saint. Voy. *Mandatum*.

Jubilate omnis terra, Introït et nom du troisième dimanche après Pâques.

Judica me, Introït et nom du Dimanche de la Passion, ou cinquième dimanche de Carême.

Jugement dernier, le lundi de la première semaine de Carême.

Julo-daghr. Le jour de Noël, dans le calendrier runique. Voy. *Jouler Monath*.

Judica, Domine, nocentes, le lundi après le Dimanche des Rameaux.

Judicium extremum, le lundi après Invocavit, premier dimanche de Carême.

Jun, Jung, Juing, Juqin, June, et *Junet*, le mois de Juin. Voy. aussi *Somestras, Ghieskierec* et *Resaille mois*.

Juignet, Jugnet, Jouignet, Jungné, Jugniet, Jullet, Julette, Jul, Julle, Julie, Juile, le mois de Juillet.

Juseris, le mois de Juin dans les chartes flamandes. Voy. *Ghieskerec*.

Justus es, Domine, Introït et nom du dix-septième dimanche après la Pentecôte.

K.

Kalendæ, dies Calendarum, ou *Kalendarum*, le jour des Calendes. C'est ordinairement le premier jour du mois, et quelquefois le premier jour dans le mois précédent, auquel on commençait à compter par les Calendes du mois suivant. On trouve, par exemple, dans les Annales, publiées par Lambecius, au tome II de la Bibliothèque Césarienne, que Charlemagne revenant de Rome en 774, se trouva à Lauresham *Die Kalendarum Septembris*, qui était le jour de la Translation de S. Nazaire dans cette Abbaye. Les Translations des Reliques se faisaient alors le dimanche, et en 774, le premier de Septembre était un jeudi; ainsi le *Die Kalendarum Septembris* ne signifie point le premier de ce mois : il signifie ce que la Chronique du même Monastère nous dit ailleurs, par cette expression : *In capite Kalendarum Septembrium*, c'est-à-dire, *le XIXᵉ Calendas Septembris*, ou le quatorze du mois d'Août, qui est le premier jour de ce mois auquel on com-

mençait à compter par les Calendes de Septembre, et qui était en effet un Dimanche en 774.

Il y a deux remarques à faire à ce sujet : 1° Au lieu de compter dans un ordre
rétrograde, à la manière des Romains, les jours avant les Nones, les Ides et les
Calendes, les rédacteurs des chartes du moyen et du bas-âge, les comptaient
quelquefois dans un ordre direct. Ainsi, par exemple, au lieu de désigner le 14
Janvier par *XIX° Kalendas Februarii*, ils disaient : *prima die Calendarum Februarii*, et pour le jour suivant, *secunda die Calendarum Februarii*, au lieu de *XVIII
Kalendas Februarii*, etc. — 2° Dans la date de plusieurs chartes les jours des Nones,
des Ides, des Calendes n'entrent point en ligne de compte. Et cela est encore une
autre différence entre le Moyen-Age et les Romains, qui dans leur supputation
comprenaient toujours le jour même où tombent les Nones, les Ides et les
Calendes. Ainsi là où nous marquerions *XIX Kalendas*, à l'exemple des
Romains, les écrivains du moyen-âge ne mettaient souvent que *XVIII Kalendas*.
Mais il ne faut pas oublier que toutes ces dérogations à l'usage classique ne sont
que de très-rares exceptions.

On voit aussi au Moyen-Age des écrivains conserver au premier jour du mois
le nom de Calendes et compter les jours suivants dans l'ordre direct à partir du
1er. Ainsi, on disait quelquefois, et en renversant complètement la notion antique
et classique : *Post VII Kalend. Martii*, pour le 7 Mars. Heureusement que le mot
Post indique bien qu'il faut compter à partir du 1er des Calendes.

Remarquons en outre que même chez les Romains, ces mots *Calendes*, *Nones*,
Ides n'avaient pas toujours la même signification. Quelquefois ils se prenaient
dans un sens absolu, pour marquer tout l'espace de temps qui avait rapport aux
Calendes, aux Nones et aux Ides. D'autres fois, et en général, ces noms s'em-
ployaient dans une signification plus restreinte, pour désigner un jour particulier.
Cette distinction est importante, pour concilier des dates qui paraissent se con-
tredire. Par exemple, lorsque Suétone dit que Tibère (l'an 784 de Rome, 31 de
J.-C.) garda le Consulat jusqu'aux Ides de Mai ; cette assertion n'est pas con-
traire, quoiqu'en dise le Cardinal de Noris, à une inscription de Nole qu'il rapporte
et dans laquelle il est marqué que Tibère abdiqua le Consulat le VII des Ides
de Mai. Ici le nom des Ides est employé dans un sens limité ; là il embrasse tout
l'intervalle qui a rapport aux Ides. (*Art de vérif. les Dates*).

Kalendæ, o *festum kalendarum*, fête païenne, long-tems célébrée à Rome,
comme ailleurs, le premier de Janvier, et que l'Église a eu de la peine à abolir.

Kalendae Circumcisionis, le 1er Janvier.

Kopseliger Montag, le lundi de la Quinquagésime, en Mecklembourg.

Krumme mitwocher, mercredi avant Pâques.

L.

Lætare, ou *Lætare Jerusalem*, Introït et nom du quatrième dimanche de
Carême.

Lætetur cor quærentium, le vendredi des Quatre-Temps de l'Exaltation de la Croix, et le jeudi après *Lætare* (quatrième dimanche de Carême).

Lair (le mois de) Août. Voy. *Arenmanoth*.

Lamentationum, Lamentationis Dies, le Jeudi, le Vendredi et le Samedi Saints, où l'on chante à Matines, les Lamentations de Jérémie.

Lanmas day, ou *Lamb Mass day*, dans l'église d'Yorck, le 1er Août.

Lanceæ Christi festum. Voy. *Coronæ festum*.

Landit, Lendit. Voy. *Indictum* et *Bénéisson*.

Lardarium, le Mardi-Gras, ainsi appelé dans le Limousin, au douzième siècle, suivant la chronique de Geoffro du Vigeois.

Lavationis Dies, le Samedi-Saint, jour où Notre-Seigneur lava les pieds à ses Apôtres.

Lave chef (Le). Le Dimanche des Rameaux. Voy. *Capitlavium*.

Laynr, de *Layr*, de *Lair*, de l'*Ayr*, (le mois de), le mois d'Août. Voy. *Arenmonoth*.

Lazare (Le), le vendredi de la quatrième semaine de Carême.

Lazari (*Dominica*), le 5e dimanche de Carême.

Leichamstag, Leichnamstag unsers hern, en allemand moderne *Frohnleichnamstag* (le jour du corps du Christ), le jour du Saint-Sacrement.

Lendit (Le). Voy. *Indictum* et *Bénéiçon*.

Letare Jerusalem. Voy. *Lætare*.

Liberator meus, mercredi après *Judica* ; cinquième dimanche de Carême).

Litania, Litaniæ, souvent confondues avec les Rogations par nos Auteurs ; parce qu'on chante des Litanies aux Processions des Rogations, et que le mot Λιτανια en Grec est la même chose que *Rogatio* ou *Supplicatio*, en Latin. Pour distinguer les Litanies du jour de s. Marc, le 25 Avril, des Litanies des Rogations, on a souvent appelé les premières *Litania major*, ou *Litania Romana*, parce qu'elles ont été ordonnées à Rome par s. Grégoire le Grand, et les secondes *Litania minor*, ou *Litania Gallicana*, parce qu'elles ont été d'abord établies à Vienne, en Dauphiné, par s. Mamert, évêque de cette ville, d'où elles ont passé dans les églises de France avant que d'être en usage dans l'Église de Rome et dans les autres Églises. Les Litanies mineures ou *Litanies Gallicanes* se chantent aux processions des Rogations, les lundi, mardi et mercredi qui suivent le cinquième dimanche après Pâques.

Litania Triduana, les Litanies de trois jours ou Litanies gallicanes.

Litha Monath, le mois de Juin dans le Calendrier saxon.

Lofeday, Love-Day. Voy. *Dies Baronum*.

Lucæ prima, Lucæ secunda, etc. Voy. *Dominica Lucæ*.

Lumina sancta. Voy. *Festum Luminarium*.

Luminum festum, la Chandeleur, 2 Février.

Luna incensa, la pleine Lune.

Lunæ dies, le lundi. Quant aux jours successifs ou quantièmes de la lune voy. *Cyclus Lunaris*, et le Cycle de XIX ans, dans la Dissertation sur les Dates.

Lundi, le grand lundi, le Lundi-Saint.

Lustrationis dies. Les Rogations.

Litha ou *Lytha monath*, Le mois de Juin. *Aeftera Lytha monath*, le mois de Juillet.

Lux fulgebit, la seconde messe de Noël.

M.

Magna dominica, le Dimanche de Pâques.

Magnæ Dominæ dies ou *Festum*, le jour de l'Assomption.

Magnæ festivitatis dies, le Jeudi-Saint.

Magnum paschatis dominicum, le jour de Pâques.

Magnus Dies, le jour de Pâques.

Magorum festum, l'Épiphanie.

Malade de 38 ans, le vendredi de la première semaine, ou des Quatre-Tems de Carême.

Mandati dies. Le Jeudi-Saint, où l'on chante : « Mandatum novum do vobis...» pendant la cérémonie du lavement des pieds. *Mandati dies*, est devenu en anglais moderne *Maundy* thursday.

Mandatum pauperum. Le samedi avant les Rameaux.

March, Marche, Marce, Mairs, Marc, Mâs, dans le pays de Liège, le mois de Mars.

Mardi, le grand Mardi, le Mardi-Saint.

Marie (*Ste.*), la sainte Vierge. La plus ancienne fête consacrée à son culte est celle qui étoit autrefois célébrée le 1er Janvier sous le nom de *Natale S. Mariæ* ; sa Conception se célèbre le 8 Décembre ; sa Nativité, ou sa naissance, le 8 Septembre ; sa Présentation au Temple le 21 Novembre ; la Conception du Sauveur le 25 Mars sous le nom de l'Annonciation ; la fête de la Visite qu'elle rendit à sainte Elisabeth le 2 Juillet, sous le titre de la Visitation ; celle de sa Purification le 2 Février ; celle de sa mort le 15 Août, sous les divers titres de *Déposition*, de *Sommeil*, de *Repos*, de *Passage*, de *Trépas*, et aujourd'hui d'*Assomption*. Ce sont là les principales fêtes de la sainte Vierge célébrées dans toute l'Église. Baillet en rapporte plusieurs autres observées dans les Églises particulières ; on peut le consulter sur l'Assomption, au 15 Août.

Maria (*S.*) *ad Nives* ou *de Nive*, le 5 Août, en mémoire de la chute extraordinaire d'une grande quantité de neige au milieu de l'été, le jour de la dédicace de l'église de sainte Marie-Majeure à Rome.

Maria (*S.*) *ad præsepe* (*Festum*). Fête de sainte Marie-Majeure, à Rome, célébrée le 5 Août, depuis qu'on y conserve les restes de la crèche de Béthléem.

— (*S*) *Candelariæ*, ou *Candelarum* (*Festum*), la Chandeleur, le 2 Février.

Mariæ Cerealis (*Dies sanctæ*), le 2 Février.

— (S) *de Victoria Festum*, ou *Festum Rosarii B. Mariæ*, le 7 Octobre ; en souvenir de la bataille de Lépante (7 Oct. 1571).

— (S) *de O.* (*Festum*). Nom donné, dans le rituel mozarabique à la fête dite l'Attente de la délivrance de Notre-Dame. Célébrée en Espagne 8 jours avant Noël. Voy. *O de l'Avent* et *Expectatio B. Mariæ.*

— (S.) *Cleophæ* (*Festum*), le 25 Mai, anciennement à Paris.

— (S) *Salome Festum*, le 22 Octobre, anciennement à Paris.

Marterwoche, hillige mertelweken, (la semaine du saint martyr), la Semaine Sainte.

Martini (*Sancti*) *Hiemalis dies* ou *Festum*, le 11 Novembre.

Martinus calidus (*Sanctus*), S. *Martini Bullionis festum*, S. *Martini æstivalis dies*, saint Martin le Bouillant, le 4 Juillet ; jour de la translation des reliques du grand saint à Tours.

Martror (La), la Toussaint, dans les chartes de Languedoc. *De Martror in Martror*, d'une fête de la Toussaint à l'autre. *Martror*, veut dire Martyrs ; et l'on donnait ce nom à la Toussaint parce que cette fête, à l'origine, ne fut consacrée qu'aux Martyrs.

Marzache, Marcesche, l'Annonciation, ainsi appelée par quelques auteurs français, parce qu'elle tombe vers la fin de *Mars*, le 25 du mois.

Mater noctium, la nuit de Noël.

Matris Dominicæ festivitas. Voy. *Dominicæ matris festivitas.*

Mauvais riche (Le), le jeudi de la seconde semaine de Carême

Media jejuniorum Paschalium septimana. La quatrième semaine du Carême chez les Grecs, et le troisième chez les Latins.

Mediana Octava. Voy. *Dominica Mediana.*

Media Quadragesima, la Mi-Carême. C'est aujourd'hui le jeudi qui suit le troisième dimanche de Carême ; mais au Moyen-Age ces mots désignaient le quatrième dimanche de Carême. On lit dans la Chronique de s. Nicaise de Reims : *M. CCC. IX. Dominica post Annunciationem Dominicam, quæ quidem Dominica fuit media Quadragesimæ.* L'année 1309 (V. S.) énoncée ici dura jusqu'au 18 Avril, veille du jour de Pâques ; le dimanche *Lætare*, quatrième dimanche de Carême, appelé dans ce même passage le dimanche de la Mi-Carême, tomba en effet le 29 Mars, quatre jours après l'Annonciation. On trouve en outre cette expression dans un compte de 1202 : *A die Veneris post mediam Quadragesimam usque ad Octavas Pentecostes, de LXXII diebus.* Le soixante-douzième jour après le Vendredi qui suit le quatrième dimanche de Carême ou Lætare, tombe en effet sur le Dimanche de la Trinité, qui est l'octave de la Pentecôte. (Voy. *Annuaire de la Soc de l'hist. de Fr.* 1852, p. 32).

Meditatio cordis, le vendredi après Laetare, quatrième dimanche de Carême.

Memento mei, ancien Introït du quatrième dimanche de l'Avent, aujourd'hui c'est *Rorate cæli*.

Mensis Fenalis, le Mois fenal (voy. ce mot), Juillet.

— *intrans*, *introiens*, les seize premiers jours des mois de 31 jours, et les quinze premiers des mois de 30 jours. Ces jours se comptaient progressivement un, deux, trois, comme aujourd'hui ; on y ajoutait seulement et surabondamment le mot *intrans*, ou *introiens* ; par exemple, *die XIV, intrante maio*, désignait le 14 Mai. Il n'en était pas de même des 15 jours de la fin du mois marqués par l'expression : *Mensis exiens, astans, stans, restans*, les quinze derniers jours du mois. On comptait ceux-ci en rétrogradant de la fin du mois vers son milieu. Ainsi par exemple : *Actum tertiâ die exeunte, astante, stante, restante, mense septembri*, ou bien, *Actum tertiâ die exitu mensis septembris*, marque le 28 Septembre, en commençant de compter par la fin du mois, et en rétrogradant, un le 30, deux le 29, trois le 28, quatre le 27, etc. On voit un grand nombre d'exemples de cette manière de compter dès le dixième siècle, dans le Glossaire de du Cange ; elle doit être remarquée pour ne point s'y tromper. — Voilà les faits et les usages les plus généraux au Moyen-Age. Mais il faut rappeler comme observations complémentaires : 1° Que l'habitude d'ajouter à la date du quantième un mot pour indiquer s'il s'agissait du commencement ou de la fin du mois était surtout suivie et commode pour les jours de la première quinzaine ; et 2° que la limite entre les quinzaines du *Mensis intrans* et du *Mensis exiens*, n'était nullement rigoureuse et que souvent enfin on datait les faits et les actes du 18ᵉ, 19ᵉ et 20ᵉ jour du mois à partir du commencement du mois. Il y a des exemples de dates du 25ᵉ jour, *ab introitu mensis*, addition bien superflue d'ailleurs.

Les Grecs avaient une manière de partager le mois fort approchante de celle-ci. Ils divisaient leurs mois en trois décades, ou dizaines, et comptaient les deux premières directement, ou dans l'ordre naturel, Μηνὸς ισταμένε πρώτη c'est-à-dire, *mensis ineuntis primâ* ; μηνὸς ισταμένυ πρώτη *mensis mediantis primâ*, ou bien πρώτη επι δηκατι *undecimâ*. La dernière dizaine était ordinairement comptée à rebours : φθινοντὸς μηνὸς ενδηκάτη *desinentis mensis undecimâ*, pour les mois de 31 jours ; δηκάτη *decimâ*, pour ceux de 30 jours. Dans l'un et l'autre cas, c'était le 31 du mois. Le compte était donc rétrograde. Mais il semble que dès le cinquième siècle, les Grecs ne partageaient plus leur mois qu'en deux parties à peu près égales, et que φθινοντὸς μηνὸς renfermait toute la seconde, qui pouvait s'étendre jusqu'à 15 jours. En effet, Synesius se sert de la date τρὶς καὶ δηκάτη φθινοντὸς μηνὸς, *decima tertia desinentis mensis*.

Mensis Magnus, le grand mois, Juin ; ainsi nommé parce qu'il renferme les plus longs jours.

— *Messionum*, le mois des Messons (ou moissons) ; le mois d'Août.

— *Novarum*, le mois d'Avril, ainsi nommé, porte un ancien Glossaire, parce qu'en Terre Sainte, le mois d'Avril apporte les nouveaux fruits.

— *Paschæ*, ou *Paschatis*, désignait le quatrième dimanche après Pâques. Voy. *Dominica mensis Paschæ*.

Mensis Purgatorius, Février, à cause de la Purification de la sainte Vierge, qui se célèbre le 2 de ce mois ; ou plutôt parce que les Romains avaient coutume d'offrir, en ce même mois, des sacrifices d'expiation pour les morts.

Mensis placentarum. Février, dans Bède.

— *Resailhe mois,* Voy. *Resaille-mois.*

— *undecimus, Mensis duodecimus,* chez les Romains et chez les Francs, sous les deux premières races, et même dans quelques monuments du Xe siècle, les mois de Janvier et de Février.

Mercoris, Mercurii dies, le mercredi.

Mercurinus Dies, le mercredi, ainsi nommé dans les statuts du Cardinal de Foix, en 1446.

Mercredi, le grand mercredi, le Mercredi-Saint.

Mercredi ens ou Cienkesms, et non : *ens oucien Kesms* ; dans un titre de l'Hôtel-de-Ville de Lille. « M. de Bréquigny, disent les Bénédictins, consulté sur cette » date, conjecture qu'il faut lire *ens ourant Kems,* c'est-à-dire *en ouvrant Karesme,* » ce qui marquerait le jour des Cendres. » M. Gachet a corrigé cette erreur ; le mercredi dont il s'agit est le mercredi de la Pentecôte. *Cienkesms, ciunckesme, cinquesma,* en espagnol, est la *Quinquagesima,* nom quelquefois donné à la Pentecôte même, qui est le cinquantième jour après Pâques. (Rech. sur les noms des mois et les grandes fêtes chrét.. Bruxelles, 1865, p. 149).

Mercredi des Traditions, le mercredi de la troisième semaine de Carême, à cause de l'Évangile de ce jour.

Mesonestime, dans l'Église grecque, la semaine de la Mi-Carême, et en particulier le jeudi de cette semaine, dont le dernier jour correspond à notre quatrième dimanche de Carême.

Mesopentecoste, chez les Grecs, nom des huits jours qui commencent le mercredi de la quatrième semaine après Pâques, et qui finissent le mercredi de la semaine suivante.

Mi-Caresme (La) désignait au Moyen-Age le quatrième dimanche de Carême, et non pas comme aujourd'hui, le jeudi qui suit le quatrième dimanche de Carême. Voy. *Media-Quadragesima.*

Michel (*le jour de la Révélation* ou *Apparition de S.*), le 8 Mai. Voy. *Révélation.*

Miserere mei, Domine, Introït, et nom du seizième dimanche après la Pentecôte.

Misereris omnium, Domine, le Mercredi des Cendres.

Misericordia Domini, Introït, et nom du second dimanche après Pâques.

Missa, le jour de la fête d'un saint, comme *Missa sancti Joannis,* pour la s. Jean.

Missæ Domini, Alleluia, Alleluia, Alleluia, le Dimanche de Quasimodo. Les statuts synodaux de Guy de Hainaut, évêque d'Utrecht, sont ainsi datés de l'an 1310, *feriâ tertiâ, post Missas Domini, Alleluia, Alleluia, Alleluia.*

Mædmonath, le mois de la fenaison, ou Juillet, dans les documents Anglo-Saxons.

Mois de l'Oir, ou de l'Héritier du Seigneur ; le mois de Décembre. Voy. *Oir.*

— *Fenal* (le), le mois de la fenaison, Juillet.

Mois de Pasc (le), dans un document de Cambrai, désigne le *mois de Pâques*; Avril à la date de ce document.

Mortis Christi dies, le Vendredi-Saint.

Mulier adultera, le samedi avant Lætare (quatrième dimanche du Carême).

Munera oblata quæsumus, Introït, et nom du Dimanche de la Pentecôte.

Muti dies, les jours de la Semaine-Sainte où les cloches ne sonnent pas.

Mysteriorum Dies, dans l'Église Greco-Syrienne, est le Jeudi-Saint.

N.

Nadal (La), la Noël, en provençal.

Nameloser Sonntag (le dimanche sans nom), le cinquième dimanche de Carême; appelé aussi *Schwarzer Sonntag* (le dimanche noir).

Natale ou *Natalis* (sous entendu *Dies*), le jour du martyre, ou de la mort d'un saint, particulièrement d'un martyr. Le jour de la mort d'un saint, non martyr, est ordinairement appelé *Depositio*. La naissance d'un saint est sa *Nativitas*.

— ou *Nativitas Domini*, la Noël, le 25 Décembre. *Festorum omnium Metropolis*, dit s. Jean Chrysostôme.

— *S. Mariæ*, très anciennement célébrée le 1er Janvier (Voy. Ste-Marie.)

— *omnium sanctorum*. La Toussaint.

Natales, les principales fêtes de l'année, Noël, Pâques, la Pentecôte et la Toussaint. Ces fêtes étaient quelquefois appelées *Jours nataux*.

Natalis (Dies), l'anniversaire du jour où une personne a été appelé à une dignité; par exemple le Pape, au siège apostolique; un cardinal à la pourpre, un prêtre à la dignité épiscopale.

— *Calicis*; le Jeudi-Saint.

— *reliquiarum*, le jour de la translation des reliques d'un saint. Voy. *Translatio*.

— *S. Joannis Baptistæ*, la fête de la Décollation de saint Jean-Baptiste (29 Août), dans les anciens martyrologes et dans les chroniques; à la différence de la *Nativitas*, qui est le jour de sa naissance, au 24 juin.

— *S. Mariæ*, l'Assomption de la sainte Vierge au 15 Août. C'est la plus ancienne de toutes les fêtes de la sainte Vierge. On la célébrait dans les premiers siècles de l'Église au 1er Janvier.

— *S. Mariæ ad martyres*, ou *Dedicatio ecclesiæ B. Mariæ ad martyres*. Le martyrologe romain marque cette fête au 13 Mai. Boniface IV l'institua à Rome lorsqu'il consacra en église le Panthéon d'Agrippa. (Voy. *Dédicace*).

— *S. Petri de Cathedrâ*, la chaire de s. Pierre à Rome, le 18 Janvier; à Antioche le 22 février. Voy. *Cathedra Sancti Petri*.

— *SS. Quadraginta militum*. Le 9 mars.

Natalis secunda, le second Noël. L'Épiphanie

Nativitas. La naissance, opposé à *Natale* ou *Natalis*, (sous-entendu *Dies*) qui est le jour de la mort d'un saint, particulièrement d'un martyr. L'Église ne célèbre que trois *Nativités* : La Nativité de Notre Seigneur, ou la Noël ; la Nativité de la Sainte-Vierge, au 8 Septembre et la Nativité de saint Jean-Baptiste, le 24 Juin.

   — *Beatæ Mariæ, Nativitas Beatæ Virginis*. La naissance ou Nativité de la Sainte-Vierge, au 8 Septembre, comme nous venons de le dire, date souvent employée dans les chartes au Moyen-Age. Le peuple l'appelait *La Septembrèche*.

   — *S. Johannis Baptistæ*, le 24 Juin. Voy. *Natalis*.

Ne autem gloriari, le mardi après le Dimanche des Rameaux, et aussi le Jeudi-Saint.

Ne derelinquas me, le mercredi après *Reminiscere* (2ᵉ dimanche de Carême).

Ne necessitatibus meis, le vendredi après *Invocavit* (1ᵉʳ dimanche de Carême).

Neophytorum Dies, les six jours entre le Dimanche de Pâques et celui de *Quasimodo*.

   — *festum*, nom donné par s. Augustin à la semaine de Pâques.

Nicolai æstivalis (*Dies* ou *Translatio Sancti*) le 9 Mai.

   — *Hiemalis* (*Dies Sancti*), le 6 Décembre.

Nom de Jésus, Nomen Jesus. Le 14 Janvier.

   — *de Marie, Nomen Mariæ*. C'est généralement l'Octave de la Vierge, fête célébrée le 15 Septembre.

Nombre d'Or, ou Cycle de dix-neuf, employé pour calculer les lunes. Voy. *Cyclus Decemnovalis*.

Nontag (le jour des Nones) ; *der heilige schöne nontag*, ou *Schönnontag* (le saint, le beau jour des Nones). Ces expressions ne peuvent désigner d'une façon constante le jour de l'Ascension (comme semble le croire M. Grotefend, p. 93) qui est une fête mobile.

Notre-Dame-aux-Marteaux, l'Annonciation, 25 Mars. (Voy. Daniel, *Mil. franç.* t. 1, p. 133.)

   — *Chasse-Mars*, ou *La Marzache*, l'Annonciation, 25 Mars.

   — *de Mi-Août*, ne peut être la fête de l'Annonciation (Voyez Daniel, *Mil. Franç.*, t. 1, p. 133) ; mais bien l'Assomption, 15 Août.

   — *des-Neiges*, le 5 Août. Voy. *S. Maria ad Nives*.

   — *de-Pitié*, le vendredi avant le Dimanche des Rameaux. Voyez *Compassion de la Sainte-Vierge*.

   — *Empouse*, le 25 Mars. Voy. *Annonciation*.

   — *de Saltasse*, paraît être la même que la Septembrèche, la N.-D de Septembre, ou la Nativité de la Vierge au 8 Septembre.

   — *l'Angevine*, ou *Septembrèche* ; la Nativité de la Sainte-Vierge, 8 Septembre ainsi appelée en Anjou.

Novarum Mensis, Voy. *Mensis.*

Nox, l'espace de 24 heures, pris d'un soir à un autre. C'était l'usage des Gaulois et des Germains, selon Jules César et Tacite, de diviser le temps par le nombre des nuits. Les Francs, les Anglo-Saxons et les peuples du Nord adoptèrent cet usage, qui était encore suivi en France au douzième siècle. *Quot noctes habet infans iste ?* est-il dit dans la Vie de S. Goar. *Non noctes*, dit Geoffroy, abbé de Vendôme, *secundum consuetudinem Laïcorum, sed secundum instituta canonum, inducias postulamus.*

— *intempesta*, nom donné par les Romains à l'espace de la nuit, compris entre le *concubium*, heure à laquelle on se couchait, et minuit.

— *sacrata*, la veille de Pâques.

— *sancta*, la nuit de Noël.

O.

O de l'Avent. Voy. *Expectatio Beatæ Mariæ* et *Oléries.*

Obdormitio. Voy. *Festum obdormitionis B. Mariæ.*

Oberster tag (le jour souverain), l'Épiphanie.

Oblatio S. Mariæ in templo, cum esset trium annorum. Le 21 Novembre.

Occursus festum. Voy. *Hypapanti.*

Octava, Octaba, plus souvent *Octavæ* ou *Octabæ*, au pluriel, parce que les grandes fêtes avaient au Moyen-Age, jusqu'à deux et trois octaves. Voy. *Witaves.*

— *Mensis Paschæ*, la huitaine qui suit immédiatement la fête de Pâques.

— *Infantium*, le dimanche dans l'octave de Pâques, ainsi appelé par saint Augustin.

Octave du grand Carême. Cette expression paraît indiquer la semaine de Pâques On lit dans le Glossaire de du Cange, aux mots : *Quadragesima major* : « Che fut » fait l'an de grâce M CCC II, le mercredi prochain, après les Octaves dou » grant quaresme. »

Octo dies neophytorum. La semaine qui suit Pâques et celle qui suit la Pentecôte. Voy. *Albæ.*

Octogesima désigne la Septuagésime, dans une chronique abrégée de Normandie : *Anno M CC II, Ypapente, et Octogesima eodem die fuerunt.*

Oculi, Introït et nom du troisième dimanche de Carême.

Oeftera geola, le mois de Janvier chez les Anglo-Saxons.

Oerre lida, chez les Anglo-Saxons, le mois de Juin.

Oir (le mois de l') est le mois de Décembre, le mois de l'héritier du Seigneur. Il faut donc écrire *de l'oir*, ou *de l'air*, et non *deloir, delair*. La date d'une charte de 1256 (Arch. nat., série S, n° 4953, pièce 10) se termine ainsi : *ou mois de loir dīs*. Les mots *de* et *loir* y sont séparés par un point ; il ne faut donc pas les réunir comme on l'a fait pendant longtemps ; en outre l'abréviation *dīs*, qui signifie nécessairement *dominus*, achève de montrer que le mois de décembre s'appelait *le mois de l'héritier du Seigneur.*

Oléries. Le 17 Décembre et les six jours qui suivent avant la Noël sont ainsi nommés, parce que les antiennes commençant par O, se chantent à vêpres, pendant ces sept derniers jours de l'Avent, non compris la veille de Noël. *Le dimanche dernier des Oléries de devant Noël*, est la date d'une charte citée dans le Gloss. de Du Cange, au mot O. Voy. *Expectatio Beatæ Mariæ*.

Olivarum festum, le Dimanche des Rameaux.

Olympias; sur la signification qu'on a donné à ce terme, dans les bas tems, voyez ce qui est dit à la fin de l'article des Olympiades, dans la Dissertation des Bénédictins sur les anciennes dates, reproduite ci-dessus.

Omnes gentes, Introït et nom du septième dimanche après la Pentecôte.

Omnia quæ fecisti, Introït et nom du vingtième dimanche après la Pentecôte.

— jeudi après *Judica* (5ᵉ dimanche de Carême.)

Omnis terra, Introït et nom du deuxième dimanche après l'Épiphanie.

Omnium dierum supremus. Le Jour de Pâques.

Omnium sanctorum festum, *Ognissanti*, la Toussaint, 1ᵉʳ Novembre.

Ordination de s. Ambroise, le 7 Décembre.

— s. Grégoire, le 3 Septembre.

— s. Martin, le 4 Juillet.

— s. Swithun, le 30 Octobre.

Orthodoxiæ Festum, chez les Grecs, le deuxième dimanche de Carême, où l'on célèbre la mémoire du concile tenu à Constantinople, l'an 842, à pareil jour, après la mort de l'empereur Théophile, pour le rétablissement des saintes Images.

Osanna Dies, l'*Ozanne*, le Dimanche des Rameaux.

Ottembre, pour Octobre.

P.

Pace day, littéralement le jour de la paix ; Le Jour de Pâques.

Pains, le Dimanche des cinq pains ; le quatrième de Carême.

Palmæ, *Palmarum dies* ou *Festum*, le Dimanche des Rameaux.

Pandicularis Dies, la Toussaint.

Pâques communiant, ou *Pâques escommunichant*, et *Pâques communiaux*; le Jour de Pâques, dans une charte de Charles VI, en 1387. Une quittance, rapportée par du Chêne, est datée du *deux avril, nuit de Pâques communiant, avant le cierge béni*. Monstrelet, pour marquer le temps où commence son histoire, s'exprime ainsi dans le prologue : *Si commencera cette presente Chronique au jour de Pasques communiant, l'an de grâce 1400*. — Cette expression se prend aussi pour la quinzaine de Pâques. Des lettres de grâce, de l'an 1389, dans le Trésor des Chartes, sont datées du *Mardi après la quinzaine de Pasques communiant* ; d'autres lettres de 1390, portent en date, *le Lundi de Pasques communiant*. Voy. *Pascha*.

— *Charneux*, le Jour de Pâques, ainsi nommé parce que l'on y reprend l'usage des aliments gras.

Pâques Nèves, le jour où commençait la nouvelle année, que l'on comptait à partir de la bénédiction du cierge pascal, le Samedi-Saint.

— *de Noël*, le jour de la Nativité de Notre Seigneur, qu'autrefois on appelait aussi *Pâques*, sans addition, et qu'on ne distinguait de la fête de la Résurrection, qu'en nommant celle-ci *grandes Pâques*. C'est ainsi que l'on concilie des anciens écrivains, qui rapportent le même fait, les uns à Noël, les autres à Pâques. Encore de nos jours, on dit à Rome, *Pâques de Noël*, et *Pâques de la Résurrection*. En France, on disait, il y a environ un siècle, *faire ses Pâques*, pour dire, communier à quelques grande fête de l'année, indépendamment de la fête de Pâques. (*Art de vérifier les dates*).

— (Quinzaine de), Voy. *Quinzaine*, *Quindena*.

Parasceve, du grec ηαρασκευὴ, préparation. Ce mot indiquait d'une façon générale la sixième férie de la semaine, le Vendredi, *sexta feria Sabbati*, parce qu'on préparait en ce jour, sous l'ancien Testament, tout ce qui était nécessaire pour le lendemain, jour du Sabbat et jour du repos. Plus particulièrement, *Parasceve*, indiquait le Vendredi-Saint. Mais il est certain qu'on a également désigné ainsi au moyen-âge le Jeudi-Saint : *datum Silvanectis die Jovis, que dicitur Parasceve*. Charte de 1218. Grand Cartul. de Corbie, fol. 88, v°. Du Cange au mot : *Parasceve*.

Pascha seul, le Jour de Pâques ordinairement, et quelquefois la semaine de Pâques, comme *Paschalis dies*. *Pascha* se prend encore quelquefois, surtout en Italie et en Espagne, pour d'autres fêtes que pour celle de Pâques ; mais ordinairement on ajoute à ce mot le nom même de la fête, comme *Pascha Pentecostes*, pour la Pentecôte, *Pascha Epiphanie* pour l'Epiphanie ; *Pascha Nativitatis*, la Noël.

Pascha annotinum, c'est l'anniversaire de la Pâque de l'année précédente. On

—   célébrait encore ces anniversaires au XVIIIᵉ siècle dans 'église de Cambrai.

—   *clausum*, *Pâques closes* ; le Dimanche de l'Octave de Pâques, ou la *Quasimodo* ; *la clause de Pasche*, *Paques close*. Le dimanche suivant, deuxième dimanche après Pâques, se nommait : *Dominica prima post clausum Pascha*, et ainsi des autres.

—   *competentium*, le Dimanche des Rameaux, à cause du symbole qu'on faisait réciter en ce jour à ceux qui demandaient le baptême.

—   *Epiphaniæ*, le 6 Janvier, jour de l'Epiphanie.

—   *florum*, *Pascha floridum*, Pâques fleuries, le Dimanche des Rameaux.

—   *de Madio*, la Pentecôte. On trouve aussi *Pascha Pentecostes*, dans le même sens.

—   *medium*, le mercredi dans l'octave de Pâques.

—   *militum*, la Pentecôte, parce que l'on conférait habituellement la chevalerie à cette solennité. (Muratori, *scrip. ital.*, t. XXIV, col. 680).

—   *novum*, le samedi veille de Pâques.

—   *Nativitatis*, les Pâques de Noël, la Noël.

Pascha petitum, le même que *Pascha competentium*.

— *primum*, le 22 Mars, ainsi appelé par plusieurs anciens auteurs, parce que la fête de Pâques peut tomber ce jour-là, mais ne peut arriver plus tôt. On trouve aussi *Pascha ultimum*, pour désigner le 25 avril, jour dela date extrême à laquelle peut tomber la fête de Pâques.

— *rosarum*, la Pentecôte ; temps auquel les roses fleurissent, ou sont en fleurs.

Paschæ (*Ferialia*). Voy. Ferialia.

Passio decem martyrum in Creta, le 23 Décembre.

— *quadraginta militum*, le 10 Mars.

— *viginti millia martyrum in Nicomedia*, le 28 Décembre.

— *undecim millia virginum*, le 21 Octobre.

— *quatuor coronatorum martyrum*, le 8 Novembre.

Passionis lugubris dies, le Vendredi-Saint.

Pastor bonus, le Bon Pasteur, le second dimanche après Pâques, dont l'Évangile commence par ces mots : *Ego sum pastor bonus*.

Pausatio S. Mariæ, le jour de l'Assomption, 15 Août.

Pécheresse pénitente (La), le jeudi de la semaine la Passion.

Pentecôte (La) se célébrant 50 jours après la fête de Pâques, peut tomber sur 35 jours différents, du 10 Mai au 13 Juin.

Pentecoste, la Pentecôte. Cette expression marque quelquefois, principalement dans l'église grecque, tout le temps pascal depuis les Pâques jusqu'à la Pentecôte.

— *collectorum*, la Pentecôte des collecteurs, désigne la fête de la Pentecôte.

— *media*, dans l'église latine, est le mercredi de la semaine de la Pentecôte.

— *prima*, le 10 Mai, premier jour de l'année auquel puisse tomber la Pentecôte.

Penthesis, est un des noms que les Grecs donnaient autrefois à la fête de la Purification.

Perchery (Saint), nom populaire en quelques pays de la fête de la Chaire de Saint-Pierre. Voy. *Cathedra Sancti Petri*.

Perdu (*le dimanche*), désigne la Septuagésime, dimanche qui n'a pas d'autre nom.

Petite carême (La), la fête de St-Martin, 11 Novembre.

Petits Rois (Les), l'Octave de l'Epiphanie, qui est le jour des Rois.

Petri (*Dies Sancti*), *Dies* ou *Festum Epularum S. Petri*, le jour de la Chaire de St-Pierre, le 22 Février. Le *Dies sanctorum Petri et Pauli*, est le 29 Juin.

Petrus (*Sanctus*) *Cathedratus*, *Sanctus Petrus ad Cathedram*, la fête de la Chaire de S. Pierre, ou la *Saint-Perchery* le 22 Février. Voy. *Cathedra Sancti Petri*.

S. Petrus in gula Augusti, Saint-Pierre-aux-Liens, dit aussi *Saint-Pierre-*

Engoule-Août et *Angoul-Août*, le 1ᵉʳ Août dans l'église latine, le 15 Janvier dans l'église grecque. Les Anglais appellent le premier jour d'Août, *lammasday*. Dans les anciens livres saxons, ce jour est appelé *hlaf-mass*, c'est-à-dire la messe *du pain* ou *du blé*. Ce nom se trouve dans la Chronique saxonne imprimée, et caractérise la fête des premiers fruits de la moisson (Ad. an. 921).

S. Pierre (La fête de la Chaire de), le 22 Février. Voy. *Epularum sancti Petri dies, Cathedra S. Petri, la Saint-Perchery.*

Pierre (Saint) en la Ferreure, est la fête de St-Pierre-aux-Liens, du 1ᵉʳ Août.

— *Fenels* ou *de Fenels*, la Saint-Pierre du 29 Juin, jour de la mort de St-Pierre, et sa principale fête, à l'époque où on fait les foins, Juin-Juillet.

— *en goule Août* (La St.) ou 1ᵉʳ Août, est la Saint-Pierre-aux-Liens. Voy. *S. Petrus in gula augusti.*

— *yver souz pierre (Saint)*, dicton populaire qui désigne la fête de la Chaire de St-Pierre. Cette solennité, que Paul IV transféra au 18 Janvier, se célébrait auparavant le 22 Février. (Voy. *Cathedra sancti Petri*). Comme la réforme du calendrier ne fut effectuée qu'en 1582, le printemps ou la fin de l'hiver était plus rapproché du 22 Février qu'il ne l'est aujourd'hui, pour ceux qui vivaient trois ou quatre siècles auparavant. Il ne faut donc pas s'étonner si en fêtant la Chaire de St-Pierre, on s'applaudissait alors d'avoir fini avec l'hiver, ou pour ainsi dire par l'avoir enterré, *mis sous pierre*. Telle est l'interprétation très vraisemblable qu'on a donnée de cette expression, employée dans un acte du Trésor des Chartes (J. 163. B. n. 72), dont voici la date textuelle : *Le mercredi devant la Saint-Pierre, yver sous pierre.* (*Annuaire de l'Hist. de Fr.*, 1851, p. 36). Voy. *Perchery.*

Pingres dies, les jours gras qui précèdent le jour des Cendres.

Pinxesten, forme, dans l'allemand du moyen-âge, du mot *Pfingsten* qui désigne le jour de la Pentecôte.

Populus Sion, introït, et nom du second dimanche de l'Avent.

Prati (Feria), le 9 Octobre. Voy. *Feria.*

Præsentatio D. N. J. C., la Présentation de Notre-Seigneur au Temple, le 2 Février. Voyez *Hypapanti.*

Présentation de la Sainte-Vierge, 21 Novembre. Cette fête, instituée en mémoire de ce que la Sainte-Vierge fut dans son enfance présentée au Temple et consacrée à Dieu par ses parents, était déjà célébrée dans l'église grecque dès le XIIᵉ siècle. Grégoire XI l'introduisit en Occident l'an 1372; Charles V la fit célébrer pour la première fois dans la Ste-Chapelle en 1375; Sixte-Quint ordonna en 1585 d'en réciter l'office dans toute l'église.

Prima ascensio Domini in celos, le 30 Avril, croyons-nous; premier jour auquel puisse arriver l'Ascension.

Primitiarum ou *Primitivum festum*, le 1ᵉʳ Août, suivant une Chronique anglo-saxonne.

Præsicernium Sacerdotum, le Dimanche de la Septuagésime. Voy. *Carnipri-vium*.

Processio in cappis, surtout les 1ᵉʳ et 3 Mai.

— *major, minor*, le même sens que *litania major, minor*. (Voy. *Litania*).

Prodigus, l'enfant prodigue, le Dimanche de la Septuagésime dans l'église grecque ; le samedi de la deuxième semaine de Carême dans l'église latine. Voy. *Dominica Asoti*.

Prope es tu, Domine, le vendredi après le troisième dimanche de l'Avent.

Prosphonésime, c'est le nom que les Grecs donnent à la semaine de la Septuagésime. Ce mot veut dire invitation ; et les Grecs désignent ainsi la Septuagésime et les six jours qui la précèdent parce qu'on annonce aux fidèles dans cette semaine, le Carême qui approche.

Protector noster, introït, et nom du quatorzième dimanche après la Pentecôte.

Publicani et Pharisaei, Evangile et nom du dixième dimanche après la Pentecôte.

Puer Jesus relatus de Ægypto, le 7 Janvier.

Puer natus, introït de la troisième messe de Noël, et aussi du dimanche suivant.

Pueri Tres, le 24 Janvier.

Puerperium, la fête de l'Enfantement, ou des couches de la Vierge, fête célébrée le 26 décembre, chez les Grecs et les Russes.

Pulchra Dies, le Jour de Pâques.

Purificatio B. Mariæ, la Purification de la Sainte-Vierge, le 2 Février. Voyez *Hypapanti*.

Q.

Quadragesima, carême. Ce nom, pris absolument, désigne les quarante jours de jeûne qui précèdent la fête de Pâques, et que l'on nomme dans quelques actes *Quadragesima major*, le grand carême. Mais il faut remarquer que l'on pratiquait anciennement dans l'église plusieurs carêmes : premièrement celui qui précède Pâques et dont nous venons de parler, le seul qu'ait conservé l'église latine ; secondement, le carême de la Pentecôte ; troisièmement, le carême de Noël. C'est ce que l'on voit expressément marqué dans les Capitulaires de Charlemagne, I. VI, c. 284. *Admoneant sacerdotes, ut jejunia tria legitima in anno agantur, id est, XL. dies ante Nativitatem Domini, et XL. ante Pascha, ubi decimas anni solvimus; et post Pentecosten XI. dies.* A ces carêmes, les Grecs ajoutent encore celui des apôtres saint Pierre et saint Paul, et celui de l'Assomption de la sainte Vierge. Les Jacobites observent enfin un sixième carême, qu'ils nomment des Ninivites.

Quadragesima, désigne aussi le Dimanche de la Quadragésime.

Quadragesima intrans. Quaresmentranum, Carême entrant, le mardi avant le Mercredi des Cendres, ou Mardi-gras. Voyez *Caresmentranus. Quadragesima intrans,* se prend aussi pour le premier dimanche de carême. « Gallinam unam in Dominica quam vocant *Quadragesimam intrantem.* » C. de Cluny, ann. 1180.

— *major,* le carême qui précède Pâques.

— *S. Martini,* le carême de la St-Martin, qui durait pendant 40 jours avant Noël. Il y eut aussi dans l'église latine un autre carême, qui précédait la Nativité de St-Jean, (24 Juin).

Quadraginta ou *Dominica Quadraginta,* le Dimanche de la Quinquagésime, ainsi appelé du premier répons des Matines : *Quadraginta dies et noctes,* etc., dans l'ancien bréviaire de Beauvais.

Quadringesima, le même que *Quadragesima.* (Mabill. *Lit. Gall.* p. 228).

Quarel Saint Gentien, (fête du) ou *Fête aux Cornets,* en Picardie, le 7 Mai. Voy. *Fête aux Cornets.*

Quaresmel, le Mardi-Gras.

Quasimodo, introït, et nom du premier dimanche après Pâques, qui est celui de l'Octave. Ce jour a été, croyons-nous, désigné quelquefois sous le nom de *Resurrectionis Christi prima (Octava),* quand il tombait le 29 Mars, premier jour de l'année auquel l'Octave de Pâques puisse arriver. Voy. *Resurrectio* et *Pascha primum.*

Quatre-temps (Les). Voy. *Angaria.*

Quatuordecim auxiliatores ; en allemand du moyen-âge : *Nothfelfer vierzehn :* Saints Blasius, Georgius, Erasmus, Vitor, Christophorus, Pantaleo, Cyriacus, Egidius, Eustachius, Achatius, Dionysius, Margaretha, Katharina et Barbara.

Quatuor dies, entre le Mardi-gras et le premier dimanche de Carême.

Quatuor tempora Intret, les Quatre-Temps avant Reminiscere.

— *Caritas Dei,* les Quatre-Temps avant la Trinité

— *Venite adoremus,* les Quatre-Temps après l'Exaltation de la croix (14 Sept).

— *Rorate cæli,* les Quatre-Temps après la Ste-Luce (13 Déc.

Quindena, quindana, quinquenna, la quinzaine. *Quindena Paschæ,* la quinzaine de Pâques. Nous appelons ainsi les huit jours qui précèdent Pâques unis aux huit jours qui suivent la solennité. Les Bénédictins pensaient qu'il en était de même au moyen-âge. On peut en douter cependant. Il est incontestable que dans les *Tablettes de cire* de Jean Sarrazin, publiées au XXIe volume des historiens de France, la *quinzaine de Pâques* se compte à partir du jour de Pâques seulement. Cet usage était-il général du temps de Jean Sarrazin? Telle est la question à résoudre; et nous inclinons vers l'affirmative. S'il en fut ainsi, les expressions : *Octava mensis Paschæ, Quindena mensis Paschæ, Tres septimana mensis Paschæ,* étaient en relation régulière et signifiaient une, deux ou trois semaines après Pâques. Quant à la *quinzaine de la Pentecôte*, à la *quinzaine de Noël*, c'est sans aucun doute du jour même de la fête que l'on doit commencer à en compter les quinze jours.

Quindena Pentecostes, signifie comme nous venons de le dire la quinzaine de la Pentecôte commençant à la Pentecôte même. Ainsi *Dominica in Quindena Pentecostes* est le second dimanche après la Pentecôte. On trouve aussi les expressions *Quindena Nativitatis*, *Quindena Purificationis*, *Quindena sancti Joannis Baptistæ*, *Quindena sancti Michælis*, etc., au sujet desquelles on donne la même explication, c'est-à-dire, que ces quinzaines commencent au jour même de la fête. Nous en avons la preuve pour la quinzaine de Noël dans le Concile de Montpellier tenu en 1215. Pierre de Vaux-Cernay date ce Concile de la quinzaine de Noël, et les Actes le datent du VI. des Ides, ou 8 de Janvier.

Quinquagesima, le Dimanche de la Quinquagésime ordinairement ; et quelquefois le Temps Pascal, qui est de cinquante jours, depuis Pâques jusqu'à la Pentecôte ; quelquefois aussi le jour de la Pentecôte même, qui est le cinquantième jour après Pâques. Voy. *Mercredi ens ou Cienhesms*.

Quintena, *Quintana*, la quintaine, le premier dimanche de Carême, et non pas le Dimanche de la Quinquagésime, comme l'a pensé du Cange.

Quintilis mensis, c'est le nom que portait le mois de Juillet, avant que Marc-Antoine lui eût donné celui de Jules-César.

Quinzaine de Pâques, *quinzaine de la Pentecôte*. Voy. Quindena.

R.

Ramispalma, *Ramifera*, *Ramorum festum*, ou *dies*, le Dimanche des Rameaux.

Reconciliationis dies, le Jeudi Saint.

Reddite quæ sunt Cæsaris Cæsari, le vingt-deuxième dimanche après la Pentecôte, ainsi appelé par les historiens contemporains de la bataille de Weissemberg, près de Prague, donnée le 18 Novembre 1620. *Dominica*, disent-ils, *in qud cantatur Evangelium* : Reddite, etc.

Redime me, le lundi après Remisnicere, second dimanche de Carême.

Regalis dies, le jour de Pâques.

Regis (S.), *festum*, en Hongrie, le 2 Septembre, fête du roi S. Étienne.

Regnante Christo, regnante Trinitate. Termes parfois employés dans les Chartes, pour remplacer le millésime chrétien.

Reick, mot anglo-saxon, qui signifie une meule de foin. Devant le temps de *vendange* ou *de reik*, lit-on dans une Charte d'Édouard III. Cette expression est semblable à celles de *mois fenal*, *temps des aires*, usitées en France

Relatio pueri Jesu de Ægypto, le 7 Janvier.

Relevatio S. Stephani, la découverte des reliques de St-Étienne

Parfois *relevatio* est synonyme de *translatio*. (Voy. ce mot)

Relevement Monseigneur St-Louis, ou translation des reliques de St-Louis, lorsqu'elles furent placées sur les autels pour y être honorées du culte des Saints.

Reliquiarum ecclesiæ B. Petri Exoniensis festum, le 22 Mai.

— *festum,* à Paris. Voy. *Festum.*

Reminiscere, introït, et nom du second dimanche de carême.

Renvoisons, Rouvisons, Rouvoisons, ou *Rouisons,* les Rogations, ou petite Litanie. Voy. *Litania minor.*

Réoctave, second octave d'une fête. Voy. *Tres septimanæ.*

Repleatur os meum, le vendredi après la Pentecôte.

Requies dominici corporis, le samedi.

Requies Mariæ, le 15 Août.

Resaille-Mois, Resailhemois, Roseilmois, Rezeilmois, Reyselhmoys, Reselle, Rusailh, Rolesaille. Voici la date de la paix de Flone, telle qu'on la trouve dans la chronique de Jean d'Outre Meuse : « L'ain de grasce. M. CCC. et XXX., le » premier jour du mois de Junet, que ons dit Resalhemois, assavoir le vendredis » après la Pentechostes. » On lit dans une Charte de 1376. « Le 14 de mois de » Juincg, qu'on appelle Resaillemois. » M. E. Gachet, p. 19, 21 cf. Kervyn de Lettenhoven, *Froissart.* t. XXII, p. 65 et en flamand Rosenmaend, Russel-maend ; ces expressions diverses, surtout usitées dans les Flandres et en Belgique signifient le *mois des Roses,* et désignent le mois de Juin.

Respice Domine, introït et nom du treizième dimanche après la Pentecôte.

Resurrectio Christi, le 22 Mars. Voy. *Pascha primum.*

— *Domini prima,* même sens.

— *B. Mariæ,* la Purification, dans une Charte de 1218.

Resurrectionis Christi, ou *Domini prima,* sous entendu sans doute *Octava,* l'Octave ; le 29 Mars. Voy. *Quasimodo.*

Révélation, ou *Apparition, de Saint-Michel* (le jour de la), 8 de Mai. Mons-trelet, *chron.* ch. 52, édit. D'Arcq, t. II, p. 17.

Rex Dominicarum, le Dimanche de la Trinité.

Rhedmonat, le mois lunaire de Mars. « Rhedmonat, a dea illorum (les Saxons) Rheda cui in illo Mense sacrificabant, nominatur. » (Bède, *De Rat. temp.,* chap. 13)

Rode, ou *Rood,* ou *Holy rood day,* le jour de la Croix ou de la Sainte Croix, désigne soit l'Invention de la Croix (3 Mai), soit l'Exaltation (14 sept).

Rogations, les trois jours de processions publiques qui précèdent l'Ascension, dans la cinquième semaine après Pâques. On disait au moyen-âge, en français, les Rouvoisons. Un acte de 1235 est ainsi daté : *Le Dimanche après les Rou-voisons.* (Arch. J. 214. n. 4). Dans les textes liturgiques, cette fête instituée au V° siècle par S. Mamert, ev. de Vienne se nommait aussi *Litaniæ Gallicanæ* ou *Litaniæ minores.* Voy. *Litania* et *Renvoisons.*

Roi des dimanches (Le), le Dimanche de la Trinité.

Rois, (Les), *le jour des Rois,* est le jour de l'Épiphanie ou l'Adoration des Mages, au 6 Janvier.

— (Les Petits), est le jour de l'Octave de l'Épiphanie. Voy. *Viginti Dies*.

Rorate cœli, aujourd'hui disent les Bénédictins (1787), introït et nom du quatrième dimanche de l'Avent; autrefois, c'était *Memento mei*.

Rosa Dominica, le quatrième dimanche de Carême, et celui dans l'octave de l'Ascension. Voyez *Dominica Rosæ*.

Rosaire (fête du), 1er dimanche d'Octobre.

Rosalia, la Pentecôte.

Rosarii, B. Mariæ festum, la même que *S. Mariæ de Victoria festum*.

Rosarum dies, le 6 Février, chez les Hongrois, suivant Sponde, *ad an* 1386.

Rosenmaend, Russelmaend, le mois de Juin, dans les Chartes flamandes. Voyez *Resaille - mois*.

Rosata dominica, le dimanche de la Mi-Carême. Voy. *Dominica Rosæ*.

Rosata Pascha, Rozatum Pascha, la Pentecôte.

Roxvoisons (Les), signifie les Rogations.

Rupti sunt fontes abyssi, le 12 Avril.

S.

Sabbatum, le samedi ordinairement, et quelquefois la semaine entière. De là vient l'expression *una*, ou *prima Sabbati*, pour le premier jour de la semaine, c'est-à-dire le dimanche; et *secunda Sabbati*, pour désigner le lundi, etc.

Sabbatum Acathisti, est le nom que les Grecs donnaient au samedi de la cinquième semaine de Carême. Ce jour était fêté à Constantinople en mémoire de le délivrance miraculeuse de la ville assiégée par les Abares, en 626, délivrance attribuée à l'intercession de la sainte Vierge. On chantait ce jour-là, en l'honneur de la Mère de Dieu une hymne nommée *Acathistos*, parce qu'elle se chantait debout. Voyez Gretzer, *L. III observ. in Coddinum*, c. 7.

Sabbatum audivit Dominus, le samedi après le Mercredi des Cendres.

— *caritas Domini*, le samedi avant la Trinité.

— *de gaudete*, le troisième samedi de l'Avent.

— *in Albis* ou *infra Albas*, le samedi de la semaine de Pâques.

— *Sabbatum in traditione symboli*, le samedi que précède le dimanche des Rameaux.

— *duodecim lectionum*, samedi aux douze leçons; les quatre samedis des Quatre-Temps.

— *Luminum*, le Samedi-Saint.

— *Magnum*, le grand samedi, le Samedi-Saint.

— *vacans*, le samedi avant le Dimanche des Rameaux, ainsi appelé à Rome, parce qu'il n'y avait point d'office; le pape consacrant ce jour à distribuer des aumônes.

Sacerdotes tui, le 31 Décembre.

Sacre du Corps de Dieu (La *fête du*), c'est la Fête-Dieu, ou la fête du Saint-Sacrement ou le *Corpus Christi*. Voy. ces mots.

Sacrement (Le), c'est la Fête du Saint-Sacrement. « Chascun an au jour du » Sacrement. » Du Cange. Gloss. *Sacrum*. n. 3.

Saint-Sacrement (fête du) ou Fête-Dieu, fête célébrée le jeudi qui suit le Dimanche de la Trinité et renvoyée souvent au dimanche suivant. On l'a appelée au moyen-âge la *Saint-Sauveur*, la *Fête du Corps de Dieu*, le *Corpus Christi*. Voy. ces noms.

Saint-Sauveur (La), la fête du Sacrement. « Et furent les rues parées comme à la Saint—Sauveur. » Du Cange, Gloss. *Sacrum*. n. 3.

Sainte-Croix (*fête de la*). Voy. Croix.

Salax lunæ (*dies*), le Lundi-Gras en Allemagne.

Salome (*B. Mariæ*) *festum*, autrefois le 22 Octobre, à Paris.

Saltasse (La), Voy. N. D. de Saltasse.

Salus Populi, introït, et nom du dix-neuvième dimanche après la Pentecôte.

Salutatio Mariæ, le 18 Décembre dans un calendrier de Verden du XIVe siècle.

Samaritaine (La), le vendredi de la Mi-Carême, ou de la troisième semaine de Carême.

Sambadi, le Samedi.

Sancta dies, le jour de Pâques.

Sancti dies, le Carême.

Sanctissimi dies sex, les six jours de la semaine sainte.

Sanctus dies, le dimanche.

Sanguis domini, la Cène.

Sapientia (*O*), introït de l'antienne pour le 10 Décembre. « O sapientia, quæ ex ore Altissimi prodidisti. »

Sarcophaga festa, le Mardi-Gras.

Saturni Dies, en roman, *Disathé*, *Disatté*, le samedi.

Scambling days, les lundis et samedis du Carême, où les mets, dans les grandes maisons anglaises, n'étaient pas servis avec la régularité ordinaire.

Scrutinii dies, les jours des scrutins, jours où l'on examinait les catéchumènes destinés au baptême. Il y avait ordinairement sept scrutins. Le premier avait lieu le lundi ou le mercredi de la troisième semaine de Carême ; le second, le samedi de la même semaine ; les cinq autres le mercredi de la quatrième semaine, et les quatre jours suivants. Dans plusieurs églises, ce n'était point le même jour; le mercredi de la quatrième semaine de Carême seul a été par tout le jour du grand scrutin; il était nommé : *Dies*, ou *Feria magni Scrutinii*.

Secunda nativitas. L'Epiphanie.

Sederunt principes, le 25 Décembre.

Seforma Monath, ou *Æftera geola*, le mois de Janvier chez les Anglo Saxons.

Semaine, Voy. *Hebdomada*.

—   *du Fromage* (La), chez les Grecs, la semaine du Carnaval.

—   *grecque*, ou semaine des Grecs. Voy. *Hebdomada Græca*.

—   *peneuse* (La), *Hebdomada penosa*, la semaine sainte. Voy. *Hebdomada*.

Septembrèche (La), en Anjou, où N. D. l'Angevine, la Nativité de la sainte Vierge, le 8 Septembre.

Septem dolorum commemoratio, fête instituée par un diacre nommé Georges Haller, le 23 Avril 1545.

— *dormientes*, le 27 Juillet.

— *puellæ*, le 9 Avril.

— *fratrum festum*, le 7 Juillet dans un calendrier de Metz. Peut-être, les sept frères, fils de Ste-Félicité, martyrs ; mais leur fête est marquée au 10 Juillet.

Septiformis processio. Voy. *Litania major*.

Septimana la semaine. Voyez *Hebdomada*.

— *in albis*, la semaine de Pâques, pendant laquelle les néophytes gardaient des vêtements blancs qu'ils déposaient le samedi de cette semaine, c'est-à-dire le samedi après Pâques. Voy. *Festum Neophytorum*.

— *communis*, la semaine qui commençait au dimanche après la Saint-Michel de Septembre. (Haltaus *Calend. medii æve, pag.* 131). Dans Ludewig, *Reliq. mss. tom.* 7, *pag.*493, on trouve un diplôme ainsi daté. A 1306, *feria quarta in Communibus*. C'est le mercredi 5 Octobre.

— *media jejuniorum Paschalium*, la troisième semaine du Carême. Il ne faut point confondre cette semaine avec l'*Hebdomada mediana Quadragesimæ*, qui est la quatrième semaine du Carême.

— *pænosa*, la semaine péneuse, la semaine sainte.

Septuagésime, le neuvième dimanche, et non le soixante-dixième jour avant Pâques, comme plusieurs savants l'ont pensé ; mais, parce que le sixième dimanche avant Pâques, qui est le premier dimanche de Carême, fut nommé Quadragésime, on nomma les trois dimanches qui le précèdent Quinquagésime, Sexagésime et Septuagésime. C'est là, comme disent les Bénédictins, l'explication la plus vraisemblable de cette dénominatisn, que quelques liturgistes ont cependant voulu expliquer autrement, en disant que ce dimanche était le soixante dixième jour avant le dimanche *in Albis* ou de Quasimodo, jour où prend fin la période pascale.

Septuaginta duorum Christi discipulorum festum, au mois de Juillet en quelques pays ; plus communément le 4 Janvier dans l'Église grecque et les martyrologes français.

Seval (serait ce *Fenal*?), paraît être le nom de Juillet dans cette Charte de Godefroy II, sire de Peruweys : *Ce fut fait l'an del Incarnation Jesu* MCCLXIV, *el mois de Seval, le jour S. Jakeme et S. Christoffle*. (Butkens, tom. I. p. pag. 229).

Sextilis mensis, nom du mois d'Août, avant qu'Auguste lui eût donné le sien.

Sicut oculi servorum, introït et nom du lundi après le premier dimanche de Carême. Charte de la fondation de la collégiale de St-Denis d'Issoudun, par Gérard la Fuile, abbé de N.-D. d'Issoudun. *Actum solemniter in capitulo nostro, feria II, quæ cantatur : sicut oculi servorum, quinto idus martii . . . . . . anno Dom. Incarn.* MCLXXXV. (*Gall. Christ.*, tom. II, pro. col. 49).

Si iniquitates, introït, et nom du vingt-deuxième dimanche après la Pentecôte.

Simeonis (*S.*) *festum*, le 2 Février. Voy. *Hypapanti*.

Sheer, Shire, Schere ou *schire thursday* (littéralement le pur jeudi); le Jeudi Saint. Ce jour était un de ceux où l'on rasait anciennement les moines, au monastère de Cluny.

Simnel sunday, le Dimanche de la Mi-Carême.

Sitientes, venite ad aquam, le samedi avant le dimanche de la Passion. Ces mots sont tirés d'Isaïe. I, v.

Solemnitas Solemnitatum, le jour de Pâques.

Solemnitas S. Petri, la Commémoration de St Pierre, le 30 Juin.

Solis Dies, le Dimanche, appelé par les astronomes le jour du Soleil.

Solmonath ou *Salmonath*, mois de Février chez les Anglo-Saxons.

Solstice d'été, les archives départementales du Bas-Rhin renferment probablement un assez grand nombre de chartes portant cette date astronomique. Nous pouvons citer du moins un acte de 1311, daté de *la veille du solstice d'été*, et deux actes, l'un de 1348, l'autre de 1362 donnés l'un et l'autre le *dimanche avant le solstice d'été*. Il serait curieux de rechercher s'il n'existe pas quelques formules plus précises qui désigneraient expressément le quantième du mois. (*Ann. de la Soc. de l'hist. de Fr.* 1851. p. 35).

Somestras ou *Sonmartras*, le mois de Juin, au pays Messin. Charte de Baudouin d'Épinal, abbé de Saint-Vincent de Metz, datée *lou premier jour de somestras, l'an de grasce nostre Signor, mil trois cent et dous ans*. Sauf conduit accordé, l'an 1356, à tous ceux qui viendront acheter des laines en cette ville, *pour la saison dou vendaige des termes des Paisques, dès le jour de feste Saint-Gengoul, en may, jusces jour de feste S. Vy, en sonmartras*, c'est-à-dire, jusqu'à la fête de Saint-Vit, Saint-Modeste et Sainte-Crescence, martyrs, qui tombe le 15 Juin. — *Somestras* vient peut-être de *Summus Œstatis*, le commencement de l'été, qui est, en effet, le 21 Juin. Ce qui semblerait confirmer cette explication, c'est qu'on lit dans le calendrier de M. Hampson (p. 362) que le mois de Juin se nomme à Messine : *Somertras* ; mais je crois que M. Hampson a pris ici le pays de Metz pour la ville de Messine.

Spiritus Domini replevit, introït et nom du dimanche de la Trinité.

Statuit, introït et nom du 22 Février, la Chaire de St-Pierre.

Stephani (*Relevatio sancti*), découverte des reliques de S. Étienne, martyr, le 3 Août.

Strages Sendomiriæ, massacre de chrétiens par les Tartares, à Sandomir, en 1260. Voy. *Festum visitationis occisorum*.

Strenas (*Dominica post*), le premier dimanche après le 1er Janvier.

Stella festum, le 6 Janvier. Voy. *Epiphanie*.

Stultorum festum, la fête des Fous, le premier jour de l'an.

Subdiaconorum festum. Voy. *Hypodiaconorum festum.*

Succinctio campanarum, les derniers jours de la semaine sainte. Voy. *Dies muti*, *Hebdomada muta*. On lit dans Galbert, (vie de Charles, comte de Flandre, n. 84): *Tertio Kal. April. feria IIII, in succintione Campanarum.*

Suscepimus Deus, introït, et nom du huitième dimanche après la Pentecôte.

Susceptio Sanctæ Crucis, la Susception de la sainte-Croix, à Paris, le 11 du mois d'Août, nommée aussi *Coronæ Domini Festum.*

Suscipe, Domine, fidelium preces, cinquième dimanche après Pâques.

T.

Teilleur (La), nom donné à Besançon à l'office de la fête des Fous. Ce nom vient de ce qu'on faisait flamber des *teilles* ou chènevottes, sans doute pour enseigner au Pape des Fous que les satisfactions et les triomphes des étourdis s'éteignent comme les flammèches et s'évanouissent comme la fumée. (*Mém. de la Soc. du Doubs*, cinquième série, 2ᵉ vol. 1877, p. 398).

Tenebræ, les vigiles des trois nuits de la semaine de la Passion ; désigne aussi les cérémonies symboliques accomplies pendant ces offices.

Teophania, l'Épiphanie, 6 Janvier. Voy. Théophania.

Terminus Pascalis, terme pascal souvent marqué dans la date des Chartes. C'était le jour de la pleine lune de Mars, ou le quatorzième jour de la lune de Mars, à partir duquel pouvait arriver le dimanche où l'on devait célébrer la Pâque en vertu des décisions du Concile de Nicée. Voy. ci-dessus, *Dissert. sur les dates.*

Tessaracoste, la Quarantaine, nom du Carême dans l'église grecque.

Tetrada, le quatrième jour de la semaine, ou le mercredi.

Theophania, la fête de Noël, et celle de l'Épiphanie, réunies, dans les premiers siècles, et célébrées encore en Orient, l'une et l'autre, le 6 Janvier. De *Theophania* sont venues les anciennes expressions vulgaires : *Tiphagne, Tiphaine, Tiéphaine, Thiéphanie, Thiéphaigne, Tiphaigne, Piphaigne*, qui désignent ordinairement le jour des Rois. Voyez *Epiphania*.

Thore maneth, ou lune de Thor, nom donné par les Suédois au mois de Janvier, et par les Danois au mois de Mars, du nom d'une fête célébrée par ces peuples au temps où ils étaient encore païens.

Thoresene, la veille du Jeudi-Saint.

Thrymylce monath, le mois de Mai, en anglo-saxon. Le nom vient de ce qu'en ce mois, il y avait dans la Grande-Bretagne, et dans les contrées d'Allemagne d'où les Angles sont originaires, tant de foin, qu'on pouvait traire les bêtes trois fois (three-3, milk-lait) par jour.

Tibi dixit, mardi après Reminiscere, (deuxième dimanche de Carême).

Trabeatio, la Naissance de N. S. *Annus Trabeationis, Era Trabeationis*, signifie donc l'année de la Nativité, l'ère de la Nativité, c'est-à-dire l'année et l'ere commençant au 25 Décembre. On lit dans l'office de la fête de S. Étienne, célébrée le 25 Décembre, ces mots de S. Fulgence : *Heri rex noster trabea carnis indutus est.*

Traditions (mercredi des), le mercredi de la troisième semaine de Carême ; parce que l'Evangile de ce jour parle des fausses traditions des Juifs, que les disciples du Sauveur n'observaient point dans leur repas.

Transfigurationis Dominica, le second dimanche de Carême, parce qu'on y chante l'évangile de la Transfiguration de J. C.

—　　　　*festum*. la Transfiguration de J. C., le 6 Août.

Translatio, ou *Relevatio*, translation d'un saint ou des reliques d'un saint. On disait aussi : *Natalis reliquiarum sancti N.* C'était la fête célébrée le jour anniversaire de l'époque à laquelle on avait transféré ses reliques d'un lieu à un autre, et très souvent l'anniversaire du jour auquel on avait tranféré son corps du lieu où il avait été primitivement inhumé au lieu où il devait être désormais vénéré comme saint ; cérémonie qui était une canonisation populaire. Voy. aussi *Relevatio*.

Voici les dates des principales Translations fêtées par l'Église :

Translation de C. P. à Rome, de S. Jean Chrysostome, docteur de l'église, 27 Janvier.

—　(d'Alexandrie d'Égypte à Venise) de St-Marc, évangéliste, 31 Janvier.

—　(à Cumes dans la Campanie) de Ste-Julienne, vierge et martyre, 16 Février.

—　(à Pavie) de St-Augustin, évêque d'Hippone et docteur de l'église, 28 Février.

—　(à Pérouse en Italie) de St-Herculan, évêque et martyr, 1er Mars.

—　(d'Ostie à Rome) de Ste-Monique, mère de St-Augustin, 9 Avril.

—　(d'Éthiopie à Salerne) de S. Mathieu, apôtre et évangéliste, 6 Mai.

—　(de C. P à Rome) de St-Étienne, le premier des martyrs, 7 Mai.

—　(à C. P.) de St-André, apôtre et martyr, 9 Mai.

—　(à C. P.) de St-Luc, évangéliste, 9 Mai.

—　(à Rome, église Ste-Marie-à-la-Crêche) de St-Jérôme, docteur de l'église, 9 Mai.

—　(à Bari, en Pouille) de St-Nicolas, évêque de Myre, 9 Mai.

—　(à C. P.) de S. Thimothée, évêque d'Éphèse, 9 Mai.

—　(à Bologne) de S. Dominique, fondateur de l'O. des Frères Prêcheurs, 24 Mai.

—　(à Assise, en 1230) de St-Francois d'Assise, 25 Mai.

—　(à Véroli, en Italie,) de Ste-Marie, mère de St-Jacques, 25 Mai.

—　(de Constantinople à Rome), de S. Grégoire de Nazianze, 11 Juin.

—　(à Édesse en Mésopotamie) de St-Thomas, apôtre, 3 Juillet.

—　(à Tours) de St-Martin, évêque de Tours et confesseur, 4 Juillet.

Translation (de C. P. à Venise) de Ste-Marine, vierge et religieuse, 17 Juillet.
— (à Lucques en Toscane) de St-Fridien, évêque et confesseur, 18 Novembre.
— de la Maison de la Sainte-Vierge à Lorette, en Italie, 10 Décembre.
— (d'Antioche à Rome) de St-Ignace, patriarche d'Antioche et martyr, 17 Décembre.

Translation du chef de saint Louis à la Sainte-Chapelle, le souvenir de cette solennité était consacré par une fête mobile qui répondait au mardi de la Pentecôte. On peut consulter sur ce point les Vies des Papes d'Avignon, par Baluze (t. II, p. 79), et deux des registres de la Chambre des comptes que l'on conserve aux Archives nationales (série P., n° 2288, p. 266, et n° 2294, p. 771). Il en est aussi fait mention dans le registre XLI du Trésor des chartes pièce 54, (*Ann. de la Soc. de l'hist. de Fr.*, 1851, p. 35).

Translationis Jesu Festum, dans le testament de Rotherham, év. d'York, en 1498, est une faute pour *Transfigurationis*, puisque la date répond au 6 Août, qui est la fête de la Transfiguration.

Tres pueri, le 24 Janvier. Il y a aussi une fête de ce nom, le 12 Septembre, en commémoration de trois enfants martyrisés à Ancyre.

— *Septimanæ Paschales*, les trois semaines commençant au jour de Pâques. Les lettres d'ajournement adressées par le roi Philippe-le-Long aux pairs de France, dans le procès de Robert d'Artois, et rapportées dans le P. Anselme, tom. II, pag. 820, portent : *Ad diem Sabbati post tres septimanas instantis Paschatis, videlicet ad diem vigesimam maii*. Ces lettres sont datées du 9 avril de l'an 1317. Mais il est indubitable qu'elles appartiennent à l'an 1318, suivant notre manière de commencer l'année. En effet, elles sont antérieures, comme il est visible, au jour de Pâques. Or, Pâques, en 1317, tombait le 3 Avril ; et de plus, le 20 Mai, cette année, était un vendredi, et non pas un samedi ; tandis qu'en 1318, Pâques tombait le 23 avril, et le 20 Mai était le samedi de la quatrième semaine après Pâques. Les trois semaines précédentes sont donc le temps que Philippe-le-Long appelait *tres septimanas Paschatis*. Ainsi, cette expression, qui se rencontre dans divers actes, marque bien les trois semaines qui commençaient au jour de Pâques.

On trouve aussi *tres septimanæ Pentecostes*, *tres septimanæ Nativitatis*, *tres septimanæ S. Joanis B.* pour lesquelles on donnerait une semblable explication. La raison de cette dénomination, c'est que, dans plusieurs endroits, les grandes fêtes avaient jusqu'à trois octaves consécutives. En d'autres pays, elles n'en avaient que deux et alors les deux semaines consacrées à ces octaves étaient désignées par le mot *Quindena*. Ce qui vient d'être dit, explique pourquoi, dans les anciennes Chartes et les anciennes Chroniques, on trouve ordinairement *Octavæ* au pluriel plutôt qu'*Octava*.

Tricennalia, commémorations qui revenaient tous les trois ans. « Pro annualibus et tricennalibus missarum, » lit-on dans une Charte de l'évêque de Salisbury en 1217. On trouve *triennalia* dans une Charte de l'évêque de Durham en 1220.

Triduanæ litaniæ, la *litania major* était ainsi appelée parce qu'elle tombait trois jours avant l'Ascension.

Trinité (le jour, la fête ou le dimanche de la), le premier dimanche après la Pentecôte. On a aussi quelque fois désigné le *dernier* dimanche après la Pentecôte, sous le nom de dimanche de la Trinité, mais le *premier* seul s'appelait *Trinitas æstivalis, Dominica duplex, dominica benedicta* et *Rex dominicarum*.

Triodion, Τρίῳδον, est le nom que les Grecs donnent au dimanche avant la Septuagésime, parce qu'en ce jour, on commence la grande hymne appelée Τρίῳδον, qui dure jusqu'à Pâques.

Triumphus corporis Christi, la fête du Saint-Sacrement.

Trium Regum Dies, le jour des trois rois ou des Mages, l'Epiphanie au 6 Janvier.

Tua nos quæsumus, Domine, introït et nom du seizième dimanche après la Trinité.

Twelfth day, littéralement le douzième jour, nom de l'Épiphanie, qui tombe le douzième jour après la naissance du Sauveur.

Twelft even, littér. la veille du douzième jour, la veille de l'Épiphanie. On trouve aussi chez les Allemands une expression correspondante à celle de *twelfth day*, et avec la même signification, sous les formes *dartienstag, dertientag, druttiende dag, druzehende dag* (le treizième jour), et aussi *Zwölfte tag, twölften tag*, qui revient exactement à l'expression anglaise, le douzième jour, à partir de Noël.

Tybi, 27 décembre, commencement du 5ᵉ mois égyptien.

Tyéphaine, Tiphaine (La). Voy. *Theophania*.

U.

Undern, mot anglo-saxon qui désigne l'heure canonique de tierce, soit neuf heures du matin ; parfois, dans un sens plus large, il désigne le matin.

V.

Valletorum festum, la *feste aux Varlés*, le dimanche qui suit la St-Denis, fête qui se célébrait le 9 Octobre.

Veilings, nom donné à certaines fêtes durant lesquelles les mariages pouvaient être célébrés, ou étaient prohibés, en Espagne. Ils étaient défendus le Dimanche de l'Avent et le Mercredi des Cendres, permis à l'Épiphanie et le premier dimanche après Pâques.

Veneris Dies, Divenres, Divendres, le vendredi.

Veni et ostende, samedi après le troisième dimanche de l'Avent.

Venite, benedicite, mercredi après Pâques.

Verba mea, samedi après Oculi, troisième dimanche de Carême.

Verberalia, le Dimanche des Rameaux.

Verceris (le mois de) pour *Juseris* dans quelques Chartes flamandes, Juin.

Verdi aoré, pour *Vendredi adoré*, le Vendredi-Saint, ainsi appelé autrefois, à cause de l'Adoration de la Croix.

Veuve de Naïm (La), le jeudi de la quatrième semaine de Carême.

Vexati a dæmone. Voyez *Dominica de vexatisa dæmone*.

Victricem manum, jeudi après Pâques.

Vigilia Horemii (pour *Lorencii*), la veille de Saint-Laurent, ou le 9 Août, dans un traité de Gebbehard, évêque d'Halberstat, passé l'an 1477, avec l'abbaye de Quedelinbourg. (Ludewig, *Reliq.* tom. X, p. 93).

Vigilia luminum, la veille de Noël, le 24 Décembre.

Vigilia vigiliæ Nativitatis, le 23 Décembre.

Viginti dies, les vingt jours compris entre Noël et l'octave des Rois. Lettres de grâce de l'an 1423, la veille des vingt jours nommés les Petits Rois.

Vignerons (Les), le vendredi de la seconde semaine de Carême.

Vinicolæ, vendredi après *Reminiscere* (deuxième dimanche de Carême), selon l'Évangile du jour.

Viridis, *Viridus*, ou *Viridius dies*, en allemand *Der grüne Donnerstag*, le Jeudi-Saint dans quelques anciens calendriers allemands. Martin Gerbert, abbé de Saint-Blaise, dans la Forêt Noire, avoue qu'il n'a pu donner la raison de cette dénomination : *Rationem hujus denominationis, a Christi ligno viridi, impetrare a me necdum potui, ut probarem.* (*Vit. Liturg. Alem.* tom. 1, pag. 849, n.)

Visitatio, la Visitation, fête célébrée le 2 Juillet, en souvenir de la visite de la St-Vierge à Ste-Élisabeth. Voy. Bolland. Juillet. 1. 259.

Visitatio occisorum a Tartaris Sendomiriæ, à Sandomir en Pologne, 2 Juin.

Visitation de Notre-Dame, le 2 Juillet. Voy. *Festum Visitationis*.

Vitembre, le mois d'octobre.

Vocati ad nuptias. Voy. *Dominica de vocatis*.

Vocem jucunditatis, introït, et nom du cinquième dimanche après Pâques.

W.

Weisser sonntag (le dimanche blanc), le premier dimanche de Carême.

Winter filleth, octobre. Ces mots signifient sans doute le commencement de l'hiver. « Ac si dicas, composito nomine, hyemeplenium. » (Bède).

Witaves, Witives (Les), l'octave. On lit dans le testament d'Alix, femme de Jean, seigneur de Lille, de l'an 1274 : *Et vel que les devant dites dix livres soient prises et payées au devant dit Witaves de cheste Chandeleur prochaine à venir.*

— Voy. au mot *Octo optimana Paschalæ* ce qui a été dit du mot *Octava*, au pluriel.

Woedmonath, *Wood monath*, le mois des Moissons, Août, dans les monuments germaniques.

Wetemonath, le mois d'Octobre.

Windmonath, le mois de Novembre.

Winterfillyth, le mois d'Octobre, dans Bède.

Wolf monath, Janvier, chez les Anglo-Saxons.

Woodmunday, le lundi après le 24 Juin. « Insurrectio comitatus Essexiæ et Middlesexiæ propter metum ducis Burgundiæ applicantis apud Maldon, ut dicebatur, in crastino S. Johannis Baptistæ, scil. die lunæ vocato le *Woodmunday*. » (*Bodl. lib.*, 2067).

Wunne monath, le mois de la Joie, Mai, chez les Saxons.

Y.

Yule day, le jour de Noël.

Z.

Zuoba Santo, le Jeudi-Saint, dans les textes vénitiens.

M.-L.

www.ingramcontent.com/pod-product-compliance
Lightning Source LLC
LaVergne TN
LVHW022117080426
835511LV00007B/868